高水平中等职业学校系列教材

手工实用教程

何晓力
田炳云　主编
刘君睿

SHOUGONG
SHIYONG
JIAOCHENG

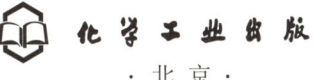

化学工业出版社

·北京·

内容简介

本教材以中等职业学校学前教育专业学生升学和就业为导向，以强化学生专业理论知识和基本技能为目标，以发展创新思维为引领，针对中等职业学校学前教育专业毕业考试、就业岗位专业技能，中等职业学校学前教育专业技能大赛需求进行编写。本书作者志在编撰一本与教学目标同步的"知识点＋能力点"的实用教程，从纸造型、布造型、泥造型、幼儿园综合材料造型、幼儿园环境创设等五个项目进行项目任务编写设计，知识点全面，通俗易懂，任务清晰，图文并茂，操作性强，突出知识性、可视性、操作性、系统性、实用性，以"项目—任务—知识点—能力点"为主线，建立必备知识储备、技能任务训练及技能提高训练，强化学生专业知识、专业技能，提升学生的动手能力、教育教学技能及审美情趣。

本教材既适用于中职学前教育专业，又适用于高职衔接3+2学前教育专业。

图书在版编目（CIP）数据

手工实用教程／何晓力，田炳云，刘君睿主编．—北京：化学工业出版社，2021.11
ISBN 978-7-122-40186-1

Ⅰ.①手… Ⅱ.①何… ②田… ③刘… Ⅲ.①学前教育-手工课-中等专业学校-教材 Ⅳ.①G613.6

中国版本图书馆CIP数据核字（2021）第218880号

责任编辑：蔡洪伟　金　杰　　　　　　　　　装帧设计：王晓宇
责任校对：边　涛

出版发行：化学工业出版社（北京市东城区青年湖南街13号　邮政编码100011）
印　　装：北京缤索印刷有限公司
787mm×1092mm　1/16　印张14　字数237千字　2022年5月北京第1版第1次印刷

购书咨询：010-64518888　　　　　　　　　　售后服务：010-64518899
网　　址：http://www.cip.com.cn
凡购买本书，如有缺损质量问题，本社销售中心负责调换。

定　价：80.00元　　　　　　　　　　　　　　　　　　　版权所有　违者必究

前言

　　手工是学前教育专业美术课程的重要板块之一，是学前教育专业必修的美术基础课程，也是幼儿教师从事岗位工作必备的专业技能。本书的编写立足于学校学前教育专业手工课程教学改革的应用实际，立足于幼儿园教育教学工作实际，结合我国优秀文化传承和新时代教育文化需求，打破传统"章节"编写模式，以"项目—任务"为主线，集知识性、实用性、可操作性于一体，融儿童趣味性、中职技巧性、成人应用性于一炉，既注重操作实践性，又注重文化传承性。

　　本书包括认识与制作纸造型、认识与制作布造型、认识与制作泥造型、认识与制作幼儿园综合材料造型、认识与创设幼儿园环境五个学习项目，每个学习项目由3～6个任务组成，共20个任务。每个任务设有任务目标、任务导入、任务描述、必备的知识、任务实施五个板块，板块之间环环相扣、紧密相连，这些内容既涵盖了任务基本知识、材料基本属性、任务基本技法和制作方法步骤，又突出幼儿园教学实践这一学前美术教育特色。"任务目标"从知识目标、技能目标、职业素养目标等3个方面对本任务如何完成指明了方向，力争在建构框架上增强完成任务的实效性；"任务导入"从任务的作用方面以感性方式对完成本任务做一个简短有效的动员，旨在让任务参与者以更加饱满的热情提高完成任务的积极性；"任务描述"从理性方面提示要完成本任务大概要从哪些方面切入，才能有效完成任务的操作，旨在让实践者在完成任务过程中更加注重实效性；"必备的知识"从完成任务的相关理论知识储备、材料与工具准备、技法技能储备等方面对本任务进行相对深入的学习与简单的实际操作，旨在为后面的任务实施更加有效地进行知识与技能的铺垫；"任务实施"从活动形式、活动内容、活动时间、活动目的、活动步骤、作业点评、任务考评等方面引导任务参与者达到学教一体，旨在对知识目标、技能目标、职业素养目标的形成情况作一个有效的检测与评价。

美在于发现与创造，优秀文化在于学习与传承。本书在内容上收编了幼儿园美术教育教学中的手工案例和部分手工名家作品，即便是一个手工种类或一种生活形象也强调多种艺术表现形式，抑或是一件绘画名作也可通过手工重新转换成一种新的视觉呈现方式，以此彰显手工的基础性、创意性、文化性，突出手工与生活、生活与艺术的联系与距离，展现手工的独特魅力。

本书由重庆市酉阳职业教育中心何晓力、田炳云、刘君睿担任主编，陈敏、李多念、张晗担任副主编，全书由何晓力统稿。具体编写分工为：何晓力、田炳云、黄成慧、胡蕾撰写项目一；刘君睿、王彦撰写项目二；陈敏、张晗撰写项目三；何晓力、李多念、黄娅琴、黄成慧、代文娟撰写项目四；何晓力、白丽、张晗撰写项目五；冉于平、石露进行图片资料的收集与整理；向海燕、冉江波负责文字资料整理。

在本书编写过程中，特别感谢重庆市酉阳职业教育中心领导们的关心与大力支持，感谢化学工业出版社领导和专家们的关心与有力指导，感谢编写人员的协同配合与辛勤付出，感谢重庆市酉阳自治县第一中学校剪纸课题小组的大力支持，感谢重庆市酉阳职业教育中心部分学生的无私奉献。

由于编者水平有限，加之时间仓促，书中难免存在疏漏和不妥之处，敬请广大读者不吝赐教！

编者

2021 年 9 月

001
项目一 认识与制作纸造型

  任务一 认识纸造型 / 001   任务四 折纸造型 / 036
  任务二 剪纸刻画 / 009   任务五 纸藤编织 / 057
  任务三 撕贴造型 / 024

066
项目二 认识与制作布造型

  任务一 认识布造型 / 066   任务三 袜子造型 / 087
  任务二 不织布造型 / 079

095
项目三 认识与制作泥造型

  任务一 认识泥造型 / 095   任务三 运用陶泥造型 / 119
  任务二 运用黏土造型 / 103

127
项目四 认识与制作幼儿园综合材料造型

  任务一 认识综合材料造型 / 128   任务四 运用丝网造型 / 159
  任务二 利用废旧物造型 / 137   任务五 运用自然物造型 / 171
  任务三 运用马赛克造型 / 144   任务六 制作头饰 / 178

项目五 认识与创设幼儿园环境

任务一　认识幼儿园环境创设 / 188　　任务三　创设主题活动墙 / 208

任务二　创设区角环境 / 197

参考文献 / 218

二维码资源目录

序号	资源标题	类型	页码
1	1. 不一样的纸造型	视频	001
2	2. 我国的剪纸发展历史	视频	009
3	3. 套色剪纸	视频	023
4	4. 撕碎的纸片	视频	024
5	5. 折纸	视频	036
6	6. 纸藤花篮编织	视频	057
7	7. 百变布造型	视频	066
8	8. 小飞机风铃	视频	079
9	9. 袜子娃娃	视频	087
10	10. 泥的生命之旅	视频	095
11	11. 黏土小蜜蜂	视频	103
12	12. 开心小农场	视频	115
13	13. 多肉小花盆	视频	119
14	14. 纸杯娃娃	视频	128
15	15. 瓶瓶罐罐的重生	视频	137
16	16. 树	视频	144
17	17. 丝网花制作教学	视频	162
18	18. 松球挂饰	视频	171
19	19. 兔子帽	视频	178
20	20. 会说话的主题墙	视频	208

项目一

认识与制作纸造型

 项目概况

纸造型因其材料普遍、制作简便、经济适用、可塑性强等特点深受幼儿喜爱，也成为幼儿园环境创设、教玩具制作、舞台布置与表演等重要造型表现手段。

本项目以纸造型中较为典型的传统剪纸、纸拼贴、折纸、纸浮雕、纸圆雕等为载体，通过纸造型的平面、立体形式进行综合训练，使学生在制作纸造型作品中能够了解纸造型的一般理论，熟悉各种纸材料的基本属性特征，掌握纸造型平面与空间形态的表现技法、造型规律及造型特征，能够运用相关知识与技能完成不同类型的纸造型作品，展示纸造型新颖多变的独特艺术魅力，提高学生动手制作水平和养成高尚的审美情趣。

任务一　认识纸造型

 任务目标

【知识目标】

1. 能说出纸造型的种类和工具材料。
2. 能说出纸造型的特点及造型技法。
3. 能说出纸造型不同工具材料的作用及使用方法。

1. 不一样的纸造型

 手工实用教程

【技能目标】

1. 能运用纸造型的基本方法与技巧，完成各种纸质材料类型的纸造型临摹作品。

2. 能改造利用各种纸质材料类型的纸造型作品。

3. 能设计制作各种纸质材料类型的纸造型作品。

4. 能利用各种纸质材料创设并美化幼儿园主题环境、班级环境、区域环境。

【职业素养目标】

1. 关注与热爱传统纸造型文化形式与时代特色，培养对纸造型材料加工、升华的创新意识。

2. 具有团队合作和大局意识。

3. 形成幼儿园环境创设中纸造型的艺术素养，为适应今后幼儿园美术活动设计、教玩具制作与幼儿园环境布置的需要奠定基础。

 任务导入

纸造型在我们生活中运用得相当广泛，幼儿园环境创设、开展主题活动、家庭环境美化、各种节日贺卡等都离不开纸造型作品。小朋友们想学习制作各种纸造型作品，可是又都感觉无从下手，不知道该怎么做，甚至连一些最基本的知识和技法都没有。如果你是他们的小王老师，你能带领孩子们完成纸造型的基本认识和基本技法的学习吗？

 任务描述

幼儿园的手工教学活动中纸造型是很重要的一个板块，它是幼儿美术学习中内容最多的艺术活动。纸造型的种类多种多样，要具备纸造型能力，只有首先了解造型的材料与工具，了解纸造型的表现形式和艺术语言，掌握纸造型的方法步骤等，才能完成各种不同的纸造型作品。因此，通过了解和掌握纸造型基本知识与基本技法，为剪纸、折纸、纸浮雕、纸编织、纸拼贴、撕纸等纸造型打下坚实的基础。

 **必备的知识**

一、关于纸造型

纸造型是以纸为表现材料，通过剪刻、切割、折叠、卷曲、接插、染色等

方式，运用简化、夸张、变形的手法完成平面或立体形态的造型艺术。

纸造型因其材料普遍、操作简便、经济适用、可塑性强等特点，成为中国传统民间工艺中一种重要的艺术表现样式。

更加明显的材质美是纸造型一个重要的审美特征。纸是人类文明的载体，是现实生活中经济、简便、常用、易得的美术表现媒材。纸造型借助纸自身的材料优势，相较于素描、水彩、国画等绘画艺术中的纸作为一种其他艺术表现形式的依附材料，纸造型中的纸，其自身已经成为一种审美要素。可以这样说，在各种纸造型作品中，纸本身就是作品的一种纹理、一种笔触，就是一种审美表达方式。

二、纸造型的材料与工具

在纸造型的手工活动中，纸是作品的重要表现载体，工具是完成作品的有力保障，因此我们要首先熟悉各种材料的相关属性和各种工具的使用方法，才能为纸造型的各种设计与制作提供保证。

（一）纸质材料

纸的基本属性表现为纸质的软、硬、厚、薄，视觉上的色彩与花纹样式，以及触觉上的纹理与韧性。纸的种类丰富多样：较薄的纸有打印纸、宣纸、皱纹纸、手揉纸、牛皮纸、薄彩纸、蜡光纸、锡箔纸、报纸、卫生纸等，有的用于勾画形体，有的用于直接塑造形体；较厚的纸有卡纸、水彩纸、瓦楞纸、底纹纸、吹塑纸等，常用于塑造形体或做衬纸；不厚不薄的纸有素描纸、铜版纸等，常用于塑造形体或做衬纸。我们在进行纸造型制作中，要根据不同的纸造型选用不同的纸材。

（二）其他材料

作品的完成离不开各种辅助材料，常见的辅材主要有胶水或白乳胶、胶棒、双面胶、泡沫胶等，用于粘贴各种纸材。

（三）工具

1. 剪刻、切割工具，如常规剪刀、花边剪刀、刻刀（或文具刀）等，用于切、割、剪、刻纸材。
2. 划痕工具，如划痕刀（钝刀片或针），用于造型时做出划痕后便于折叠。
3. 打孔工具，如打孔器，用于造型时打孔。
4. 勾形工具，如铅笔、橡皮。

5. 填涂工具，如笔刷、小调色盘，用于涂胶涂色。

6. 其他工具

（1）垫板，用于切刻时保护桌面；

（2）圆规，或用于勾形，或用于划痕；

（3）夹子（或订书机），用于固定多张纸材；

（4）镊子，用于夹取纸材；

（5）直尺，或用于辅助刻切，或用于勾形。

三、纸造型的种类与技法语言

（一）纸造型的表现形式

从传统来看，主要有剪纸、灯笼、油纸伞、折扇、风筝等。随着时代的不断发展，纸浮雕、纸立体、多层纸刻画、衍纸、折纸、撕贴画等已逐渐成为人们的审美需求，成为人们展现艺术创新、发展艺术观念的艺术样式。当代纸造型作品具有很强的时代性，是传统与当代的审美融合，体现了最贴近时代的审美追求。

中外传统纸造型

灯笼，又称灯彩，是一种古老的中国传统工艺品。起源于2000多年前的西汉时期，是中国人喜庆的象征。从种类上分为宫灯、纱灯、吊灯等。

油纸伞，是中国传统工艺品之一，作为起源于中国的一种纸制或布制伞，油纸伞除了是挡阳遮雨的日常用品外，也是嫁娶婚俗礼仪中一项不可或缺的物品。

折扇，是一种用竹木或象牙做扇骨、韧纸或绫绢做扇面的能折叠的扇子，用时须展开成半圆形，聚头散尾。折扇初名腰扇，滥觞于汉末，曾是王公大臣的宠物。

风筝，发明于中国东周、春秋时期，至今已2000多年。相传，鲁班用竹子改进墨翟的风筝材质。直至东汉期间，蔡伦发明了造纸术后，坊间才开始用纸做风筝，称为"纸鸢"。

衍纸，发源于十八世纪的英国，流传于英国王室贵族间的一种手工艺术。是一种简单而实用的运用卷、捏、拼贴组合完成的生活艺术。它一直被认为是纸艺中的边缘艺术，因为其是将雕塑和绘画技艺承载体转换为纸，但是在艺术表现力方面不落后于其他艺术形式。

（二）纸造型的常用技法

1. 剪：用剪刀根据设计图形直接剪出形体，是纸造型的基本技法，常用于剪纸、拼贴画等。

2. 刻：在垫板上用刻刀直接刻出所需图形，图形相对生动、细腻，是纸造型的基本技法，常用于剪纸、纸浮雕、纸立体等。如图 1-1-1 所示。

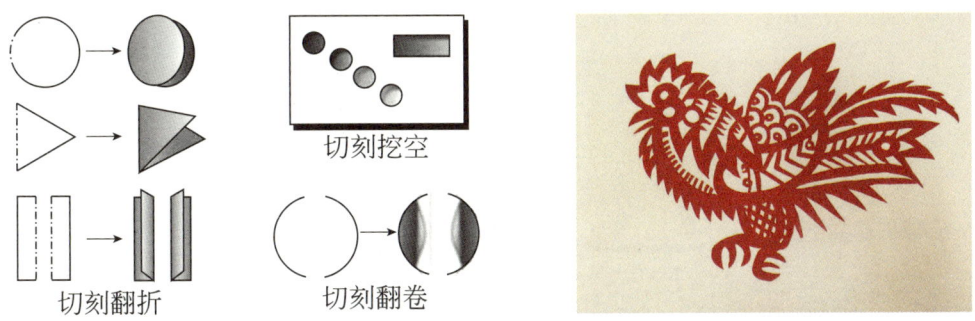

图 1-1-1　刻

3. 折：指改变纸的平面状态而创造出一种立体空间效果，一般将长方形或其他形状的纸折叠。折是纸造型的基本技法，常用于剪纸和纸立体造型。如图 1-1-2 所示。

在图例中以：
------------　表示向下折　　曲线折
-·-·-·-·-·-·　表示向上折
————————　实线表示剪开或边线　　弧线折

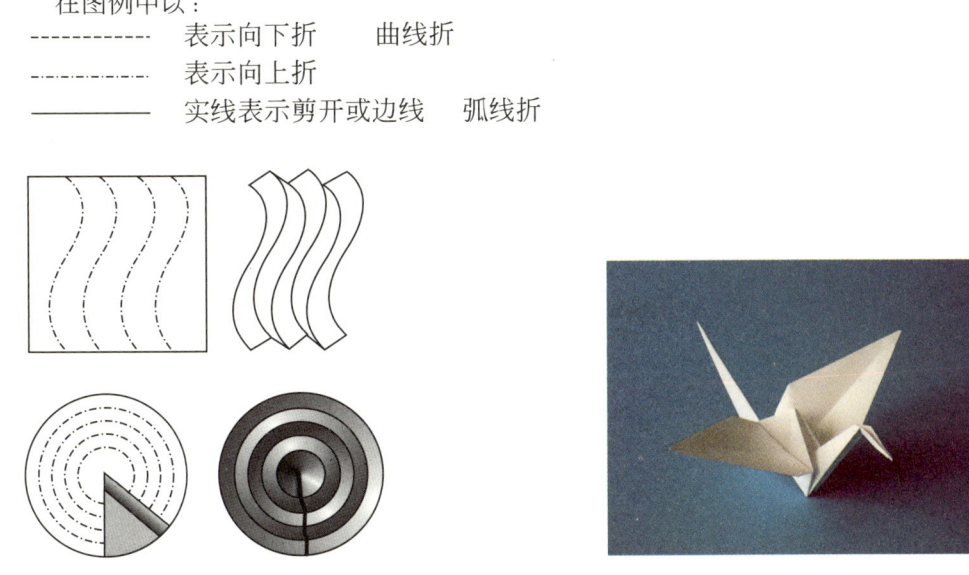

图 1-1-2　折

4. 叠：一张纸多次折叠或多张纸一层加一层，重复地堆或叠。叠是纸造型的基本技法，常用于剪纸和纸立体造型。

5. 拼接：指剪、刻、撕出的图形采用粘接、插接、缝制等组合拼贴；常用于纸拼贴、纸浮雕或纸立体造型制作。

6. 揉搓：一般将纸放于手心来回地搓揉成条状、团状或其他形状后再进行粘接或编织。揉搓是改变纸材形态的技法，常用于拼贴画、纸立体等制作。

7. 编织：将纸揉成纸条或用直尺、刻刀刻出纸条后进行编织的技法，常用于纸立体制作。如图 1-1-3 所示。

图 1-1-3　编织

8. 卷曲：是一种为了得到弧面造型或卷曲效果的一种技法，常用于一些纸浮雕、纸立体或衍纸的制作。如图 1-1-4 所示。

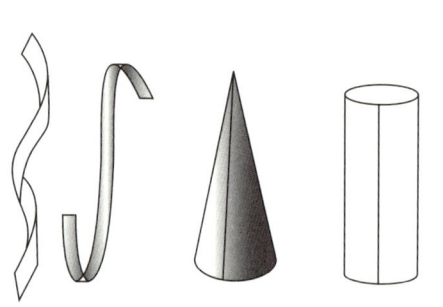

图 1-1-4　卷曲

9. 撕：用手将纸片直接撕出相应图形后再进行组合拼贴的技法。此技法撕出的图形外形生动，有毛边且富于变化，常见于撕贴画。

10. 裱糊：将皮纸或其他纸用糨糊粘在平面或立体框架上完成作品。传统灯笼、纸伞、折扇、纸糊动物等常用此法。

11. 填涂：运用基本色彩对相关部位进行填涂的技法，常用于头饰、填色剪纸等制作。

任务实施

活动设计：纸造型基本技法训练

一、活动形式

以小组为单位，分成 6 组。

二、活动内容

纸造型基本技法训练；

尝试制作 3 种不同的纸造型基本技法作业。

三、活动时间

40 分钟。

四、活动目的

本任务是进行纸造型艺术大类的理论与技法的综合性学习。要求：能说出纸造型的一些基本技法理论和技法具体操作步骤，理解与操作纸造型的具体技法，提升认知水平和动手能力，为完成纸造型各个项目任务奠定基础。

五、活动步骤

1. 步骤一：小组布置基本技法学习任务。

每小组推举一个小组长，小组长负责组织小组成员讨论技法任务，根据自愿或者任务分配，每人完成 3 个不同技法作业的制作。

2. 步骤二：组员完成各自的纸造型技法制作。

结合纸造型的技法理论，根据自己的最初构思，组员独立完成 3 个技法任务作业后提交给本小组组长。

小组长除完成自己的任务作业外，要随时掌握各个组员的作业进度，收齐本小组成员作业并组织小组成员进行简短讨论，交流制作心得和审美感受。

根据作业情况和小组交流情况，每个学习小组推举 1～2 名成员的作业准备在班级集中展示交流。

3. 步骤三：按小组制作的技法作业进行展示说明。

各小组到讲台前集中展示说明完成的作业情况。教师主要引导学生从以下几个方面进行交流说明：

（1）简述技法作业的技法要领和过程感受；

（2）简述技法作业的用途；

（3）简述技法作业的审美特征。

手工实用教程

作业点评

任务名称	评价项目
纸造型基本技法制作	有目的、有计划、有步骤地完成
	创造性、独立、自我承担地解决问题
	纸造型基本技法语言制作技能
	成果展示效果
	纸造型基本技法语言制作的经验与总结

任务考评

【知识巩固】

一、单项选择题

1. 纸造型这一美术形式与文学、音乐、舞蹈等其他艺术门类相比，一个显著的特征就是这种纸质材料的（　　）。

　　A. 材质美　　　B. 造型美　　　C. 节奏美　　　D. 寓意美

2. 下列属于纸造型的是（　　）。

　　A. 布娃娃　　　　　　　　B. 黏土小动物

　　C. 挂历撕贴画　　　　　　D. 水彩画

二、多项选择题

下列属于传统纸造型的有（　　）。

　　A. 纸浮雕　　　B. 折扇　　　C. 窗花　　　D. 灯笼

三、简答题

1. 请列举出制作纸造型作品的纸质材料有哪些（至少10种）。

2. 请列举出制作纸造型作品的工具有哪些（至少10种）。

3. 请列举出制作纸造型作品的技法有哪些（至少10种）。

任务拓展

[做一做]

"三八"妇女节快要到了，你能运用本次技法课训练所习得的知识与能力，为你亲爱的妈妈制作一张简洁的贺卡吗？

任务二　剪纸刻画

任务目标

【知识目标】

1. 能说出剪纸的种类和工具材料。
2. 能说出剪纸的特点及分析不同剪纸的造型技法。
3. 能说出不同剪纸种类制作的方法步骤。

【技能目标】

1. 能运用剪纸、刻纸、撕纸的方法步骤，完成剪纸、刻纸、撕纸临摹。
2. 能融合其他艺术形式改造并利用剪纸、刻纸、撕纸，提高剪纸刻画的表现力。
3. 能设计剪纸、刻纸、撕纸图样与制作步骤。
4. 能运用所学创设并美化幼儿园主题环境、班级环境、区域环境。

【职业素养目标】

1. 能关注与热爱传统剪纸文化形式与时代特色，养成对剪纸刻画加工、升华的创新意识。
2. 能树立团队合作意识、自我评价与反思意识。
3. 能形成幼儿园环境创设的艺术素养，为今后幼儿园美术活动设计、教玩具制作与幼儿园环境布置的需要奠定基础。

2. 我国的剪纸发展历史

任务导入

在幼儿园里，小张老师决定今天带领小朋友们就新年主题活动创设班级环境，其中需要用到很多漂亮的小窗花，可是，小朋友们都无法独自完成。如果你是小张老师，你能带领孩子们完成窗花的制作吗？

任务描述

窗花是剪纸的一种表现形式，要学会窗花的制作就要认识剪纸这门艺术，具备剪纸造型能力。剪纸是幼儿园经常进行的手工活动，很多老师和小朋友都喜欢用剪纸这一纸造型艺术来创设主题环境、开展主题活动、美化生活空间。剪纸与我们的学习和生活紧密相关。学习剪纸必须首先了解和熟悉剪纸的材料与工具，了解剪纸的表现形式，了解常用的纹样与剪法，掌握剪纸制作的方法步骤等才能完成剪纸造型作品。因此，通过完成本任务了解和掌握剪纸的基础知识与操作技能，为今后创设环境、美化环境提供一种多元的美术形式。

 必备的知识

一、剪纸的概念及艺术特征

剪纸是运用剪刀和刻刀在纸上进行雕、镂、刻、剪形成丰富图案的艺术形式，它是在刀和纸之间经过一定构思后孕育而成的艺术。剪纸分为传统剪纸、现代剪纸。在现代创新剪纸中，剪纸已经突破平面，往半立体或者立体的方向发展。

剪纸形象质朴、单纯，颜色简洁、大方，具有独特的艺术魅力和视觉张力。

祈祥纳福是剪纸艺术的审美追求和时代主题。在日常生活中，剪纸艺术作者群体主要是民间妇女，她们多以虫鱼花鸟、神话传说、戏曲人物等题材内容为主要载体，以谐音象征等表现手法，运用夸张、简化的艺术方式，表达祈祥纳福的美好祝愿，寄托着广大劳动人民的理想与信念，抒发着生产者的喜怒哀乐，体现了广大妇女的勤劳与智慧，美化、装点着勤劳、勇敢的广大劳动人民的美好生活。

> **知识链接**
>
> 原始社会时期，人类就已经开始利用影像作为形象表述的艺术手法，继而创造了在兽皮、石珠、贝壳等材料上打眼形成镂刻透空的艺术语言，这是剪纸艺术本质特征的原始表达。四川三星堆出土的殷商晚期"虎纹金箔"和"太阳神鸟金箔"文物，证明我国剪纸艺术已有2000多年历史。东汉蔡伦发明造纸术后，"剪纸"的称谓才真正名副其实。剪纸艺术的普及是唐宋时期。我国新疆吐鲁番出土的北朝时期团花剪纸，是目前发现的最早的剪纸实物。
>
> "图必有意，意必吉祥"。剪纸作品常常利用寓意、象征、比拟、谐音、符号、文字等手法来反映人们对幸福和美好生活的向往与祈求。一般民间剪纸中，要么运用寓意借物托意，以表达深刻含义，如老鼠吃葡萄或石榴寓意"早生贵子，多子多福"，松鹤延年寓意"长寿"；要么运用象征，以实物的形态、色彩和生活习性取其相似或相近以表现一定含义，如莲花象征纯洁，鸳鸯象征恩爱，牡丹象征华丽富贵；要么运用比

拟，以拟人化或拟物化的手法表现一定的事物，如老鼠嫁女来表达赶穷驱害、人丁兴旺、多子多福的寓意；要么运用语音谐音表达寓意，如鸡谐音为"吉"，羊谐音为"祥"，鹿谐音为"禄"，莲花、鲤鱼为"连年有余"，金鱼在缸中或池中游为"金玉满堂"，三只羊仰望太阳为"三阳开泰"，如意与花瓶为"平安如意"，喜鹊站在梅枝上为"喜上眉梢"；要么直接用文字进行意义表达，如福、禄、寿、喜、吉祥。

二、剪纸的材料与工具

（一）主材

各色蜡光纸、各色彩纸、生宣纸、卡纸或素描纸等。

（二）辅材

胶水（或糨糊）、水彩颜料。

（三）工具

尖头剪刀、剪纸专用刻刀（或美工刀）、订书机（或夹子）、镊子、刻板、毛笔、调色盒、铅笔、橡皮擦等。如图1-2-1所示。

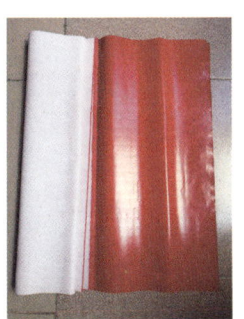 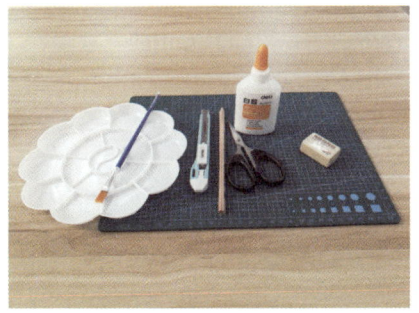

图1-2-1 材料、工具

三、剪纸的分类及艺术特征

剪纸艺术在我国有优良的传统，是我国民间美术的一朵奇葩，也是世界艺术的瑰宝。在剪纸的历史文化传承中，剪纸的分类有多种方法，一般情况下，有以下几种分类方式。

（一）从空间地域上分

1. 北方剪纸：我国剪纸源于北方，从风格上讲，北方剪纸大多豪放、粗犷，能够寻觅到远古图腾崇拜的踪影。如图1-2-2所示。

2. 南方剪纸：南方剪纸是在北方剪纸传到南方后才发生演变的。南方剪纸精细、婉约，多与日常生活紧密相连。如图1-2-3所示。

图 1-2-2　北方剪纸

图 1-2-3　南方剪纸

（二）从表现技法上分

1. 剪纸：指用剪刀剪出的图案。剪纸又分对剪和单剪：对剪就是经折叠后剪出的剪纸，剪出的图案具有左右或中心对称性，对剪是民间剪纸最常用的手法；单剪的图案不对称，剪出的形象生动活泼、富于变化。如图1-2-4、图1-2-5所示。

图 1-2-4　对剪

图 1-2-5　单剪

2. 刻纸：用刻刀刻出的图案。刻纸有阳刻和阴刻之分。阳刻就是保留轮廓线，刻去轮廓线之外的部分，线线相连，作品细致精巧；阴刻就是刻去轮廓线，保留轮廓线之外的部分，线线相断，作品饱满厚实。通常很多剪纸采用剪、刻相结合，阴刻、阳刻相结合，以增强画面艺术语言的丰富性，提升艺术表现力。如图1-2-6所示。

图 1-2-6　阴、阳刻结合

3. 撕纸：用手直接撕出形体再拼贴出相应图案。撕贴图形边缘呈现自然毛边的效果，有苍老、浑厚、古朴之感。

（三）从色彩效果分类

1. 单色剪纸：指只有一种颜色的剪纸。

2. 复色剪纸：指有多种颜色的剪纸。复色剪纸中又有多种表现方式，一般有以下几种。

（1）套色剪纸：通过多种不同色彩的有色纸进行剪贴拼合的剪纸。如图1-2-7所示。

套色剪纸一般是先用黑色纸剪刻出黑色剪纸作为主稿，再用相应的彩纸根据需要分别剪刻出不同部分的形体后，粘贴在主稿背面的镂空处。

"五彩彰施，必有主色"，套色剪纸设计时颜色不能太多，先确定好主色，主色占套色部分的60%左右，再搭配3～4种颜色即可。

图1-2-7　套色剪纸

（2）染色剪纸：通过颜料进行点、浸、绘画而成的彩色剪纸。如图1-2-8所示。

（3）分色剪纸：分别用不同颜色的纸剪成各部分形象，再根据设计图样贴裱在衬纸上。如图1-2-9所示。

（4）填色剪纸：先用黑色纸或深色纸剪出主版，裱贴在白纸上之后再依稿填涂各种颜色，或用白纸剪出主体形象，裱贴后再根据设计需要平涂或填染所需颜色，或先涂色后再剪出相应图案。如图1-2-10所示。

图1-2-8　染色剪纸　　图1-2-9　分色剪纸　　图1-2-10　填色剪纸

（四）按剪纸方式分类

按剪纸方式分类可以分为直接剪纸和折叠剪纸。

直接剪纸：指在一张未经折叠的纸上直接进行剪刻的剪纸。直接剪纸可分为两种：一种是内部轮廓结构镂空，具有视觉的多样性和丰富性的剪纸；另一种是内部形体线条不镂空，只有外部轮廓，类似于投影或倒影的剪纸，则称为剪影剪纸。

折叠剪纸：一张彩色纸进行对折、三折、四折、五折或更多折叠后的剪纸，是剪纸艺术的优势和特质。一般可剪成团花、对称、二方连续、四方连续等图案。

图 1-2-11　对折剪纸

1.对折剪纸。把一张纸对折起来剪的剪纸叫对折剪纸，这种方法剪出的图案是对称的。对折剪纸给人以端庄、平稳、宁静的审美感受。如图 1-2-11 所示。

2.团花折叠剪纸。团花折叠剪纸又称为中心对称折叠剪纸，即折叠后剪出的图形以中心为原点发散为弧形对称图案，分别有三瓣、四瓣、五瓣、六瓣等多种对称图案。

三折剪纸又称三瓣花剪纸，是把一张正方形上下对折后，以底边的中心为圆心，把右角向左折，接着再把左角向右折；画好图案后再剪。如图 1-2-12 所示。

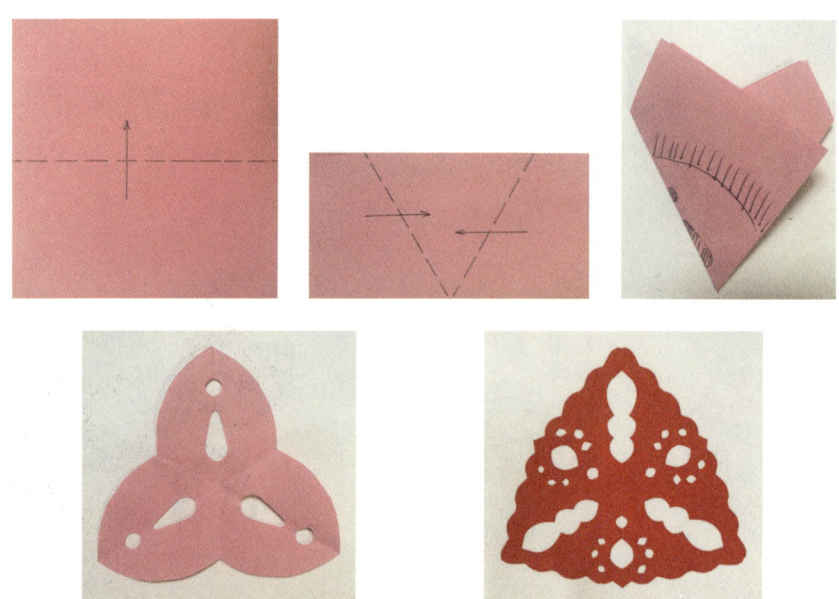

图 1-2-12　三折剪纸剪刻方法与应用

四折剪纸也称四瓣花剪纸，即把一张正方形纸上下对折后再左右对折，然后再对角折；画好图案后再剪。如图 1-2-13 所示。

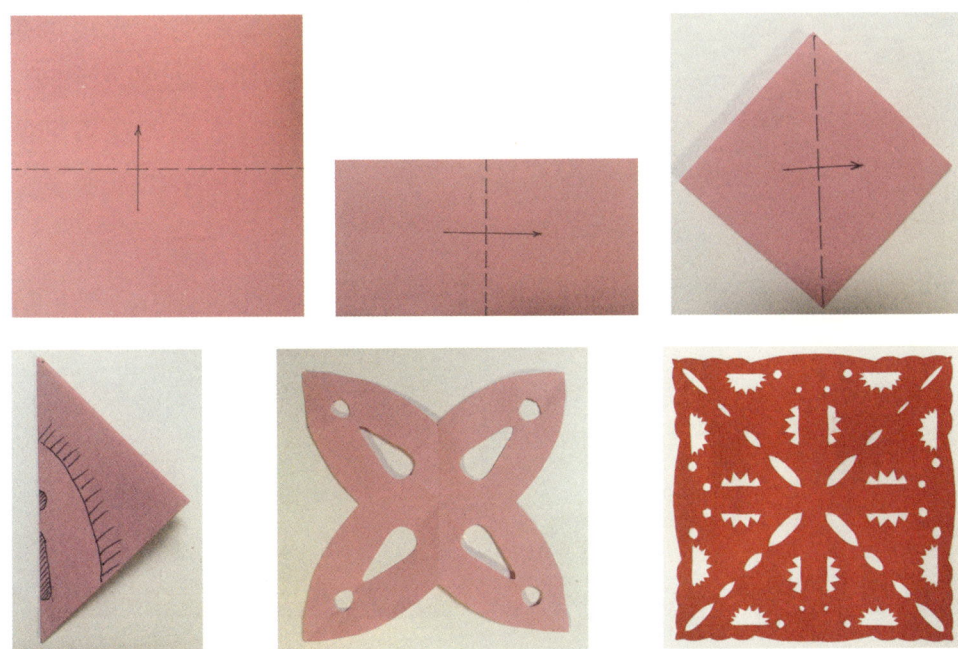

图 1-2-13　四折剪纸剪刻方法与应用

五折剪纸是把一张长方形或正方形纸以两边中心为起点对折一次，形成一条中折线，再以这条中折线的中点为起点留 1/5 纸面折叠后，将此折叠部分 1/2 对折，最后将原来的 1/5 纸面折回叠在一起，画好图案后再剪。如图 1-2-14 所示。

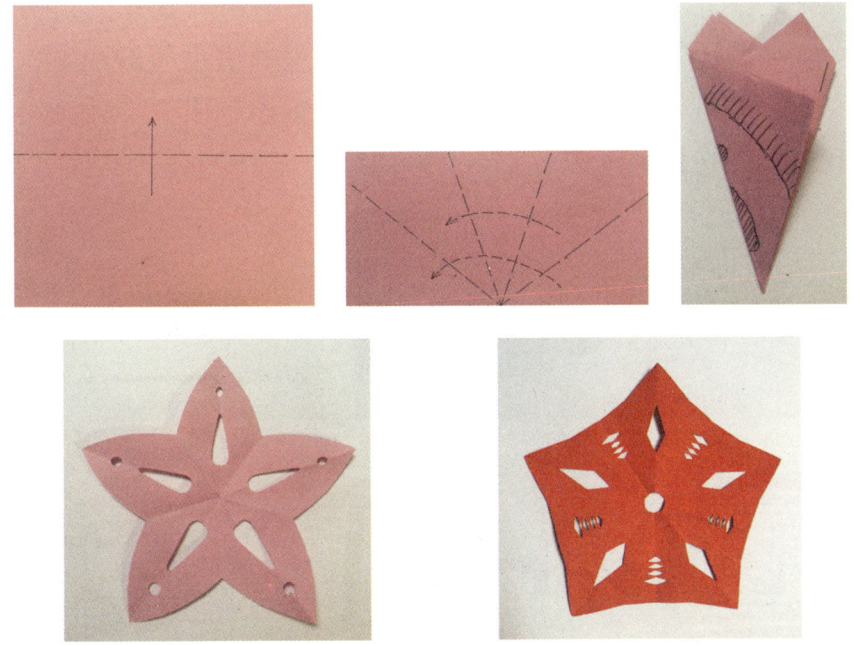

图 1-2-14　五折剪纸剪刻方法与应用

图 1-2-15　多折团花剪纸

在三折、四折、五折的基础上，分别再折叠一次，剪出来的剪纸就是六边形、八边形和十边形，打开后就是更为复杂的团花剪纸。团花剪纸给人以规整中有变化、散射中有聚合的审美感受。如图 1-2-15 所示。

3. 二方连续剪纸。可以对折一次再对折后再对折，以此类推，根据设计图形可剪出二方连续纹样的花边图案剪纸。这种剪纸中带状纹样的反复节奏给人以优美的韵律感。如图 1-2-16 所示。

图 1-2-16　二方连续剪纸

图 1-2-17　四方连续剪纸

4. 四方连续剪纸。正方形纸多次折叠后根据设计需要可以剪出各种不同的四方连续剪纸。四方连续剪纸给人以无限扩展的审美感受。如图 1-2-17 所示。

5. 拉花剪纸。正方形沿对角线对折再对折成三角形，根据设计需要可剪出不同的图案，展开后便是拉花剪纸。拉花剪纸由平面变立体，给人以富于变化、加强空间、增强氛围的审美感受。如图 1-2-18 所示。

 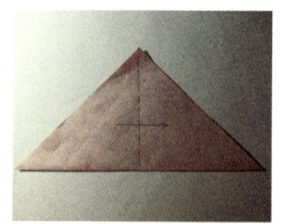 

图 1-2-18　拉花剪纸

四、剪纸的技法语言与剪刻方法

> **知识链接**
> 剪纸基本技法"五要素":圆、尖、方、缺、线。即剪圆如秋月,饱满圆润;剪尖如麦芒,尖而挺拔;剪方如瓷砖,齐整有力;剪缺如锯齿,排列有序;剪线如胡须,均匀精细。剪口整齐,不留缺茬,不能剪过头或剪坏别处。

(一)太阳纹

太阳纹形似圆形小孔,剪圆孔时一般是先扎一个小洞,然后沿着小洞旋转 360° 即可。太阳纹常用于表现眼睛、花瓣、水珠或其他用于装饰。如图 1-2-19 所示。

(二)柳叶纹

柳叶纹形似柳叶,剪时先扎一个小洞后再剪,注意边缘线线条要简洁、圆滑。柳叶纹一般用于表现植物花叶、花蕊等。如图 1-2-20 所示。

图 1-2-19 太阳纹

图 1-2-20 柳叶纹

(三)锯齿纹

锯齿纹形似锯齿,剪法是先剪出一条半圆形,顺着半圆形剪出一条弧线,然后再沿着弧线剪出长短、大小均匀的锯齿形即可;锯齿纹又叫毛毛纹,主要用于表现毛发、羽毛、花蕊、叶脉、人物衣纹、草丛,以及表现物象的质感、量感、层次和形式上的变化。如图 1-2-21 所示。

(四)月牙纹

月牙纹形似月牙,剪时先从月牙中心空白处开始剪,顺着月牙外轮廓剪下即可;月牙纹用于表现人物眉毛、眼睛、嘴巴和四肢等。如图 1-2-22 所示。

图 1-2-21　锯齿纹　　　　　　　　图 1-2-22　月牙纹

（五）涡状纹

涡状纹形似旋涡，这样的剪纸方法在一般的动物生肖剪纸里经常见到，多用来表现动物的皮毛。如图 1-2-23 所示。

（六）鱼鳞纹

鱼鳞纹形似鱼鳞，剪时可方可圆，一般注意大小要均匀，也可大小渐变；用于表现鱼、龙等动物类和菠萝等水果类。如图 1-2-24 所示。

图 1-2-23　涡状纹　　　　　　　　图 1-2-24　鱼鳞纹

（七）波浪纹

波浪纹形似波浪，剪时可方可圆，要注意线条的流畅、自然，主要用于表现水波、花边装饰等。如图 1-2-25 所示。

（八）水滴纹

水滴纹形似水滴，剪法是一头圆一头尖，好像太阳纹和柳叶纹的组合，可圆、可长、可尖，稍加变化即可得到丰富的图案纹样。水滴纹主要用于表现物象的局部及花蕊。如图 1-2-26 所示。

（九）云纹

云纹形似云雾，形同如意，婉转流动如祥云，极具形式美感。剪时要注意形态自然，可一头尖一头圆，也可两头都尖，主要用于表现云朵、雾气或其他装饰纹样。如图 1-2-27 所示。

图 1-2-25　波浪纹

图 1-2-26　水滴纹

（十）三角纹

三角形纹饰，呈几何形状态，剪时三边可全部为直线段，也可某边略微弯曲，常用于眼睛和动物身上的花纹图案。如图 1-2-28 所示。

图 1-2-27　云纹

图 1-2-28　三角纹

在剪纸的纹饰设计过程中，要注重创新思维和灵活运用，可以用某种纹饰进行变化与组合，形成新的纹饰，如月牙纹、水滴纹均可组合成涡状纹、波浪纹等。

> **知识链接**
>
> 过去，陕北农家在春节时敬财神、灶君等诸神位。一般先用红纸写上某神的牌位，很虔诚地敬贴在神龛之中，或贴在墙壁之上，然后剪一幅"挂帘"贴挂在神龛口，起遮挡之用，既美观，又给年节增添了神秘喜庆的色彩。"挂帘"的构图气势宏大，内容丰富，表现形式严整、匀称、饱满、充实。

五、剪纸的方法与步骤（以单色剪纸为例）

（一）设计图稿

根据设计思路在平面纸上画出相应图案稿，图案稿要尽量细致到位。若是对称图案，可进行相应折叠后再将图案根据初稿"转化"在折叠的纸上。如图1-2-29所示。

（二）图稿涂色

用阴影（黑色）填涂出需剪去的部分。如图1-2-30所示。

（三）装订图稿

根据需要剪刻的份数，在涂色的图稿下面垫上相应份数的色纸，用订书针装订好，或用夹子夹好，便于剪刻。如图1-2-31所示。

图1-2-29　设计图稿　　　　图1-2-30　图稿涂色　　　　图1-2-31　装订图稿

（四）剪刻

剪刻时注意从内到外，从上到下，从左到右，从密到疏，从繁到简，注意刻刀要用力均匀，并把握好用刀时的斜度与力度。如图1-2-32所示。

（五）裱贴

剪纸作品剪刻出来后，用一张衬纸作为作品背景，并将其粘贴在选用的衬纸上。选择衬纸时，要注意剪纸作品颜色和背景的衬色在色相、明度上的差异，以突出剪纸作品。粘贴时胶水不能过多，以免渗出后弄脏衬纸而影响画面效果。如图1-2-33所示。

图1-2-32　剪刻　　　　　　图1-2-33　裱贴

任务实施

活动设计：窗花的制作

一、活动形式

以小组为单位，将学生们分成 6 组。

分小组学习，一方面，组内学生之间有一种互相督促、互相比拼，又互相交流、互相学习的氛围；另一方面，可树立个人服从团队、小点服从大局等观念，提高沟通协作能力，增进多元合作意识。

二、活动内容

模拟角色完成窗花的制作。

每个小组可根据小组讨论的实际情况，设计与制作一件或一组窗花剪纸作业。

> **知识链接**
>
> 窗花是贴在窗纸或窗玻璃上的剪纸，是中国的传统民间艺术之一。它历史悠久，风格独特，深受国内外人士所喜爱。
>
> 窗花是农耕文化的特色艺术，农村的生活地理环境、农业生产特征以及社会习俗方式，也使这种乡土艺术具有鲜明的中国民俗情趣和艺术特色。

> **专家支招**
>
> 窗花的样式多样，可设计成或对角、或四角、或中心、或既四角又中心的窗花。除只设计中心窗花外，凡是涉及对角或四角的窗花，要注意设计的相对对称性。

三、活动时间

40 分钟。

四、活动目的

一方面，加深对剪纸知识的了解，提升学生的动手能力、协作能力，增进学生对祖国优秀传统文化的认识，让他们学会变平凡的一张纸为高雅的一幅画，变一个平常的生活物象为一个生动的艺术形象，帮助学生运用所学美术技巧美化生活，增强生活中的美术文化含量。

另一方面，从创新思维的角度，选择窗花的设计与制作，既可以制作成独幅的剪纸纹样作品，又可以把几件相对独立的剪纸作品组成一幅完整的组合剪纸作品。设计与制作具有相对的灵活性，可以充分发挥学生们的创造力，给课

堂上的学生一个更加广阔的发挥空间。

五、活动步骤

步骤一：小组设计窗花制作流程。

每小组推举一名学习组长，组织小组成员展开短期讨论，商定本小组窗花制作整体构想；小组长综合意见后，布置每位成员结合前面剪纸的方法步骤，根据整体思路设计一幅相对独立的剪纸作品的流程。

> **专家支招**
> 　　结合前面的"专家支招"进行整体与独立设计。
> 　　设计的图案不必太复杂，主要以能掌握剪纸的1～2种基本技法和作品有一定的形式美感即可。复杂多样的剪纸图案可以在课后根据自己的实际情况拓展完成。

步骤二：根据制作流程完成窗花的制作。

学生们发挥自己的独创性思维，运用所学的剪纸理论与基本技法，根据预先设定的制作流程，选定相关的材料和工具，独立或合作完成一件剪纸作品。

学习小组长除完成好自己的作品任务外，要实时关注与提示本小组成员的制作进度，以保证本小组作品的完整性。

小组长组织好本组成员的独立作品，并进行相应粘贴后使之成为本组整体作品，同时组织好展示作品的创意说明，完成集中展示前的准备工作。

步骤三：按小组对制作的窗花进行展示和说明。

由每组推荐的作品创意说明人，到讲桌前进行展示说明，与全班同学一起交流，共享创作感受，提升审美情趣。

> **专家支招**
> 　　说明人主要从构思构图、剪刻技法、点线面的运用处理、黑白灰的布局、审美情趣等方面与全班同学一起分享与交流创作心得。

 技能提高

一、做一做

我们每个人都是父母所生，每个人都会步入婚姻殿堂。我们在平时生活中经常看到亲朋好友结婚的喜庆场景，你能为一个结婚的喜庆场景设计一些不同的"喜"字剪纸吗？请你根据自己对"喜"字形状的理解，根据"喜"的外形和笔画运用夸张、变形手段完成五个不同的"喜"字剪纸作业，并进行展示交流。

3. 套色剪纸

二、学一学

请同学们收集新写实主义剪纸作品，赏析及了解将中国传统的民间剪纸工艺和西方绘画的写实风格巧妙地融为一体的艺术作品及艺术家。

知识链接

新写实主义剪纸是运用多层套色剪纸制作而成的具有写实意味的剪纸，具有接近套色版画的艺术效果。

（一）多层套色剪纸特点

1. 颜色丰富。一般多层套色剪纸3～4层，有的多达6～7层。

2. 有层次感、立体感，明暗过渡相当明显。

（二）多层套色剪纸的制作方法

1. 选照片。注意选用明暗层次分明的图片。

2. 颜色分层。用PS（注：图像处理软件）根据需要把照片按灰度分色到2层以上，分的层数越多，剪刻出来的效果就越接近照片、越写实，当然难度也越高。

3. 剪刻颜色层。把分层出来的图案，根据原照片的颜色层次，分别在相应颜色的纸上用剪刀或刻刀把色层剪刻出来。

4. 按层粘贴。把剪刻好的分层色纸粘合到一起，注意由大到小，依次往上。当然，这一块也是有一定技术难度的，如果粘不好，会出现错位。

作业点评

任务名称	评价项目
窗花的设计与制作	有目的、有计划、有步骤地完成
	创造性、独立、自我承担地解决问题
	窗花制作技能
	成果展示效果
	窗花制作的经验与总结

任务考评

一、单项选择题

1. 剪纸属于（　　）。
   A. 民间艺术　　　　　　　　B. 现代设计艺术
   C. 中国画　　　　　　　　　D. 版画

2. 下列说法错误的是（　　）。
   A. 剪纸从地域上分为南方剪纸和北方剪纸
   B. 东汉蔡伦发明造纸术后,"剪纸"的称谓才真正名副其实
   C. 剪纸只能用剪刀剪,而不能用刻刀刻
   D. 从事剪纸这一艺术创作的主要群体是民间妇女

二、多项选择题

1. 以下属于剪纸纹样技法的有（　　）。
   A. 月牙纹　　　B. 锯齿纹　　　C. 柳叶纹　　　D. 鱼鳞纹

2. 下列属于剪纸刻法的有（　　）。
   A. 阴刻　　　　B. 阳刻　　　　C. 阴阳刻结合　D. 木刻

3. 剪纸常用的工具有（　　）。
   A. 剪刀　　　　B. 刻刀　　　　C. 胶水　　　　D. 蜡光纸

三、简答题

1. 剪纸作品为什么要点、线、面相连？
2. 剪纸的分类有哪些？
3. 你能说出剪纸制作的步骤吗？

任务三　撕贴造型

任务目标

【知识目标】

1. 说出撕贴造型常用的纸材与工具材料。
2. 说出撕贴造型的方法与步骤。
3. 分析并说出撕贴造型作品常用的纸材和撕纸的技法。

【技能目标】

1. 运用撕贴造型表现技法。

4. 撕碎的纸片

2. 融合其他艺术样式，提高撕贴画的表现力。

3. 学会归纳撕贴的规律，进而将它运用到幼儿园教学活动实践中。

【职业素养目标】

1. 养成对撕贴造型加工、升华的创新意识。

2. 树立团队合作意识、自我评价与反思意识。

3. 形成幼儿园环境设计素养，为适应今后幼儿园美术活动设计、教玩具制作与幼儿园环境布置的需要奠定基础。

 任务导入

在幼儿园，撕纸造型深受幼儿的喜爱。幼儿可以在活动中锻炼撕纸粘贴技能，提高手部小肌肉的灵活性及协调性。这个过程中的探索，可以满足幼儿的好奇心，提升注意力和耐心，同时培养观察力、想象力、创造力和表达能力，发展动手能力，提升幼儿观察、感知、审美的能力以及情感体验。

 任务描述

幼儿教师在幼儿园开展集体教学与区域性的撕纸活动，需要运用科学的方法引导并提高幼儿的撕纸水平，需要通过创设撕纸活动的环境激发幼儿对撕纸活动的兴趣。这些工作能力当然离不开幼儿教师运用撕贴的艺术表现技法。

因此，本次任务是通过模仿的方法来学习撕贴造型，掌握撕贴造型的表现技法；将撕贴造型与其他艺术样式相融合，提高撕贴造型的表现力，理解撕贴造型的艺术表现形式。

 必备的知识

一、撕贴造型的"语言"特点

撕贴造型，关键就是撕，撕出大小、形状、色彩均不同的纸片，通过粘贴而组合造型。小纸片就是一个小色块，大纸片则为大色块。纸片就像我们手中画笔画出的笔触，颜料的色彩是可以调和的，纸片的色块却是独立而不可调和的。色块的不可调和，一方面对撕贴造型造成了一定的局限，另一方面却也造就了它与众不同的特点，如轻快、跳跃、富有装饰性。

每一种艺术表现形式都有其独特的"语言"特点。就拿音乐来说，节奏、旋律、和声、力度、速度、调式、曲式、织体、音色等"语言"塑造了各种各

样的音乐类别，诸如古典音乐、流行音乐、民歌、摇滚乐、蓝调、爵士乐等，每一种都具备各自鲜明的特点。那么撕贴造型具备怎样的语言特点呢？

撕纸行为本身属于原始的感知状态，并没有与艺术产生联系。可当艺术工作者发现了纸张被撕裂后产生的美感有着剪、刻、画所不能替代的效果后，迅速地将"撕"提炼成一种造型的手段，以手指为工具，辅以思维感官的配合，利用手指的运动撕出所需形象。撕纸造型的轮廓线蓬松柔软，极具自然、浑厚、稚拙的美感。

同一个人不可能撕出两片形状完全相同的纸，也不可能复制出一幅相同的作品。正因为撕贴造型有着不可复制的特征，因此，你在学习撕贴造型时一定不能强求机械复制，当你在撕贴过程中遇到各种意想不到的变化时，一定要灵活运用。撕贴造型的题材广泛，可小到一朵花，也可大到一片景，还可以将艺术表现的范围从实物扩大到无形的叙事上。撕贴造型与中国画中的写意画有着异曲同工之妙，二者都率性自由、生动活泼，追求的从来不是对事物的精细描写，而是对意境的表达和感情的抒发。

二、撕纸造型的准备材料

1.认识材料。撕纸作品常用的纸材包括压纹纸、手揉纸、手工折纸、卡纸、硫酸纸、印刷画报（海报）、素描纸、餐巾纸、毛边纸等。

纸是撕贴画在制作过程中使用到的唯一材料。撕贴画不可复制以及自由的灵活性决定了我们在用纸的选择上可以有很大的自由度。

具备不同特性的不同纸材经过不同的人的不同撕贴，自然会产生不同的效果，这些差异会让撕贴作品呈现出优异的视觉效果，表达作者想要表达的意境，抒发他想要抒发的情感，任何纸材都是可以使用的。

（1）压纹纸：目前市面上的压纹纸有纯木浆的和杂浆的。纯木浆造出来的颜色比较正，纸质比较挺括，而且比较细腻，纹理清晰；杂浆造出来的纸颜色暗淡，色彩不均匀，纸质松软，看起来粗糙，纹理比较深，表面凹凸不平，但是有质感，表现力强。如图1-3-1所示。

（2）手揉纸：表面有皱纹，韧性极佳，外观如手揉过一般的纸。用来折纸效果不错，一般花店和文具店都有卖。手揉纸属于特种纸，常用于手工折纸和包花，其颜色亮丽、纹路清晰，具一定抗水性能且纸张表现力好。如图1-3-2所示。

图 1-3-1　压纹纸

图 1-3-2　手揉纸

（3）手工折纸：常用于折纸手工的彩色纸；色彩丰富，表面滑而薄，具有易撕的特点，因而比较方便造型。如图 1-3-3 所示。

（4）卡纸：指每平方米重约 120 克以上的纸。常用于制成明信片、卡片、画册衬纸等。卡纸的纸面较细致、平滑、坚挺、耐磨，有较好的柔韧性，耐折。如图 1-3-4 所示。

（5）硫酸纸：具有纸质纯净、强度高、透明好、不变形、耐晒、耐高温、抗老化等特点。可以利用硫酸纸的半透明质感体现朦胧、水晶等艺术效果。如图 1-3-5 所示。

图 1-3-3　手工折纸

图 1-3-4　卡纸

图 1-3-5　硫酸纸

（6）印刷画报（海报）：我们可以把废旧的印刷画报（海报）上的图案、色彩等运用到我们的撕贴画中。如图 1-3-6 所示。

（7）素描纸：素描纸相较一般的纸更厚，用手摸上去会有细密、粗糙的纹路，肉眼即能看出来。撕的时候容易产生毛边，可以表现某些事物的特性。如图 1-3-7 所示。

（8）白色、彩色餐巾纸、毛边纸：纸质轻薄柔韧，有延展性，通过撕可以使它的纤维发生神奇的变化，产生奇特的效果。如图 1-3-8 所示。

图 1-3-6　印刷画报

图 1-3-7　素描纸

2.认识工具。我们的双手便是撕贴创作中最主要，也是最重要的"工具"，所有要描绘的对象都需要用双手对其进行撕贴创作造型（图 1-3-9）。手部动作的轻、重、缓、急都会对最后的艺术效果产生不同的影响。当然，一开始双手一定会僵硬，撕作效果未必与你想象中的一样。没关系，多加练习就能熟能生巧。

图 1-3-8　彩色餐巾纸

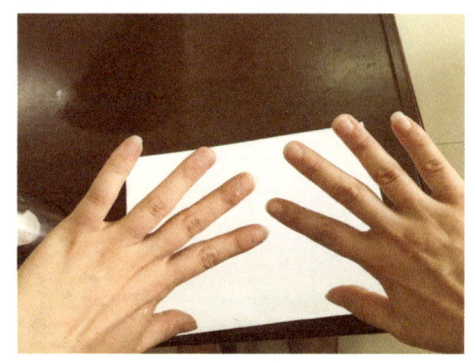
图 1-3-9　最重要的撕贴创作工具——手

除了双手还会用到诸多其他工具：铅笔和橡皮用来绘制大致图样，撕较复杂的造型时，我们可以沿图样笔迹来撕，使造型更为可控和美观；美工刀、剪刀是辅助工具，在撕贴细节时，双手无法精确掌握较小纸片的外形时，可用它们来帮助切割；固体胶将纸片粘贴在一起，它可以最大限度地淡化粘贴过程中对纸张的影响。如图 1-3-10 所示。

3.基本技法的准备

（1）绘制：在撕相对复杂的造型时，尤其对初学者来说，事先在纸上绘制出对象的轮廓线可以作为撕纸时的辅助。如图 1-3-11 所示。

（2）折：纸片的边缘需要直线时，可以根据需要把纸张折出折痕后再沿折痕撕纸，就能撕出较为规整的直线。如图 1-3-12 所示。

图 1-3-10　其他工具

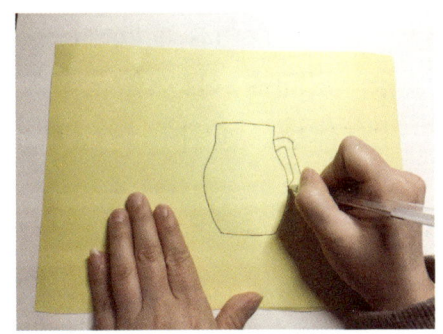

图 1-3-11　绘制图样

（3）撕：用双手的拇指和食指固定纸张，然后开始撕，往往撕开的边缘都较为粗糙。如图 1-3-13 所示。

图 1-3-12　折

图 1-3-13　撕

（4）揭层：轻轻给纸分层，揭开相对平整的表层，你会看到纸张露出内部的纤维质感。"揭"和"撕"配合使用会获得纸片边缘的纤维感，呈现出某些艺术效果。如图 1-3-14 所示。

（5）切割：出于雕琢细节的需要，有些纸造型双手无法精确控制，可以借用美工刀或剪刀来切割纸片。但勿过多使用切割技法，否则会失去撕贴艺术的自身特点。如图 1-3-15 所示。

图 1-3-14　揭层

图 1-3-15　切割

（6）揉捏：捏与揉常被一同使用。纸在手中被揉捏成团、线条等造型，揉后的纸张产生随性、自然的艺术效果，可以在此基础上进行造型，使原本平面的纸产生立体感。如图 1-3-16 所示。

图 1-3-16　揉捏

（7）叠加：将一张纸叠加到另一张纸片上，使纸片产生相互交叠的视觉效果，这样的作品会更有层次与立体感。如图 1-3-17 所示。

图 1-3-17　叠加

（8）调整粘贴：对纸片形状或者整幅作品进行调整，使之达到预期的视觉效果。撕贴作品是在不断的调整中实现更好的艺术效果。如图 1-3-18 所示。

画面完成调整之后，用固体胶将撕出的纸片粘贴到底板和其他纸片上。在粘贴时尽量少用胶水，以保证画面的整洁。如图 1-3-19 所示。

图 1-3-18　调整粘贴　　　　图 1-3-19　《线上麻雀》（学生作品）

> **事无常规，法无定法**
>
> 你大可以在自行创作时，运用灵巧的双手和聪慧的大脑，创新适合自己的技法，或者简化创作过程，使你所创作撕贴作品的艺术效果更为多样与出彩。正如我们一直强调的，撕贴不是一成不变的，不断创新才可以焕发出它的生命力。
>
> ——朱立群纸艺馆

三、撕纸造型的基本方法

在撕贴造型时，塑造表现对象有以下两种方法。

整形撕贴：直接撕出物体的整个轮廓。如图 1-3-20、图 1-3-21 所示。

图 1-3-20　兔子（整形撕贴）　　　图 1-3-21　树干（整形撕贴）

碎片拼贴：撕出不同形状的纸片，拼贴出所需形象。如图 1-3-22 所示。

撕纸时注意：用双手大拇指和食指捏住纸张，使两手大拇指挨在一起，两大拇指距离过远将无法控制轮廓；撕纸时应注意两手的大拇指同时分别向前后相反的方向撕，同时大拇指向前后方向扭动手腕；撕纸速度不宜过快，撕的动作过快时有些纸不易出现毛边。如图 1-3-23 所示，为一件学生制作的撕贴作品。

图 1-3-22　农夫（碎片拼贴）　　　图 1-3-23　《守株待兔》（学生作品）

四、撕贴造型示范

来，跟我一起玩撕贴吧！

如图 1-3-24 所示，这片树林由多种色彩鲜艳明亮的色块巧妙组合，令人眼前一亮。作品中除树干和门窗表现一定的细节外，其他的元素都是用大色块铺成，色块与色块间相互交融。整幅作品的画面协调统一，毫不艳俗。

我们需使用到的纸材有：米黄色、黑色、红色、灰色压纹纸，明黄、橘红色、紫罗兰色打印纸，橘黄、白色、灰色卡纸，暗红色包装纸。底板选择灰色卡纸。

撕贴造型有撕纸、布局、固定这 3 个步骤。

第一步：撕纸。

（1）取米黄色、黑色压纹纸，分别撕出 3 组墙面和屋顶的造型。如图 1-3-25 所示。

图 1-3-24 《深秋的树林》

图 1-3-25 撕纸 1

（2）用橘红色、紫罗兰色、暗红色纸材分别撕出一些较大的长条形纸片，做树冠。如图 1-3-26 所示。

（3）用红色、紫罗兰色、橘红色纸材撕出比撕纸步骤（2）中尺寸小一些的长条形纸片，做较小的树冠。如图 1-3-27 所示。

图 1-3-26 撕纸 2

图 1-3-27 撕纸 3

（4）用黑色纸材撕出长短、粗细不一的树枝状纸条。如图1-3-28所示。

（5）用橘红、橘黄、明黄色纸材，随意撕出一些小纸片，做树叶。如图1-3-29所示。

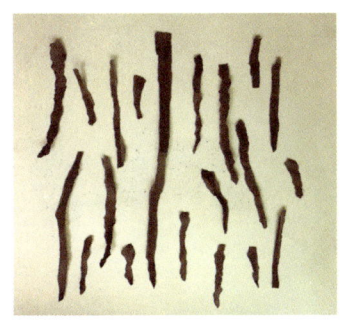

图1-3-28　撕纸4

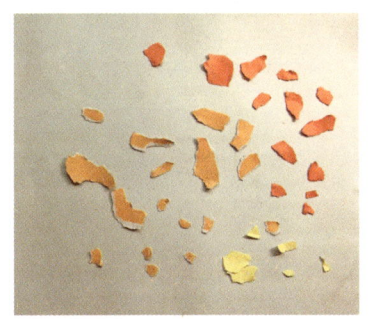

图1-3-29　撕纸5

（6）用红色、黑色、灰色纸材撕出一些小小的长方形小纸片，做树林里小屋的门窗。如图1-3-30所示。

（7）用橘红色纸材，剪出很细的小纸条，做窗框。如图1-3-31所示。

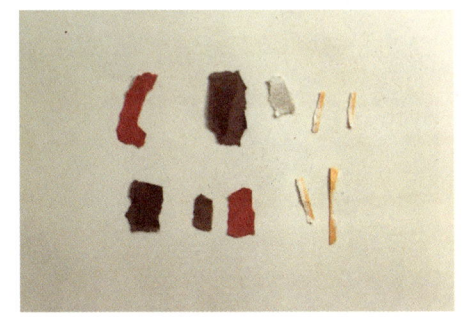

图1-3-30　撕纸6

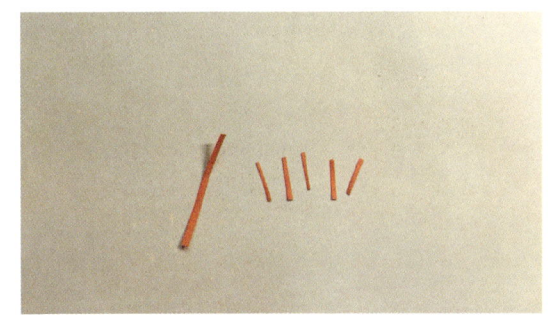

图1-3-31　撕纸7

（8）用暗红色纸材，撕出一些小纸片，做落叶。如图1-3-32所示。

（9）用灰色纸材，撕出几张长纸条，做地面肌理。如图1-3-33所示。

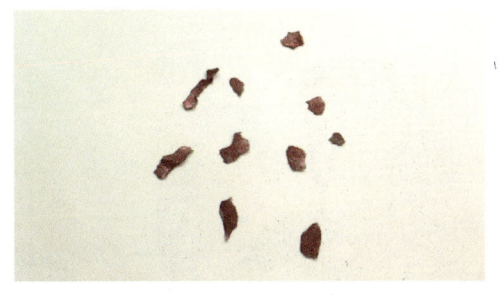

图1-3-32　撕纸8

图1-3-33　撕纸9

第二步：布局。

（1）首先将撕好的黑色与米黄色纸片组合成房屋，一远一近地摆放在灰色底板上。如图 1-3-34 所示。

（2）取 4 片树冠竖放在画面右侧。如图 1-3-35 所示。

图 1-3-34　布局 1

图 1-3-35　布局 2

（3）把剩下的树冠竖放在画面左侧。如图 1-3-36 所示。

（4）把小树冠叠加到在画面中已有的树冠上，增加树林的层次感。如图 1-3-37 所示。

图 1-3-36　布局 3

图 1-3-37　布局 4

（5）将较长、较粗的纸条添加到树冠中做树干；较细的纸条做树木的树枝。如图 1-3-38 所示。

（6）取橘红色小纸片，将其添加到树林和屋顶上。如图 1-3-39 所示。

图 1-3-38　布局 5

图 1-3-39　布局 6

（7）继续添加橘黄色与明黄色小纸片到树林与屋顶，以提亮画面。如图 1-3-40 所示。

（8）给小屋装上门窗和窗框，造型可随意一些，并在屋前添加暗红色的落叶。如图 1-3-41 所示。

（9）在画面底部添加灰色的纸条，作为地面的肌理。如图 1-3-42 所示。

图 1-3-40　布局 7

图 1-3-41　布局 8

图 1-3-42　布局 9

第三步：固定。

调整画面，并用固体胶固定，完成作品。

 任务实施

活动设计：跟着大师学撕贴

一、活动形式

将全体学生进行分组，2 人一组，既可以互相督促、互相比拼，又可以互相交流、互相学习。

二、活动内容

寻找有特色的名家撕纸作品，通过临摹大师作品学习撕纸的技巧。学生需要完成两幅撕贴作品，其中一幅临摹，另一幅自创，需运用 2～3 种纸材及以上。

三、活动时间

80 分钟。

四、活动目的

通过对名家撕贴造型作品的模仿学习，掌握撕贴造型表现技法；能在撕贴造型中融合其他艺术形式，提高撕贴造型的表现力；提升为幼儿园主题活动区域环境创设的能力。

 手工实用教程

五、活动步骤

步骤一：小组设计制作流程。

步骤二：根据制作流程完成撕纸造型。

步骤三：按小组分，请学生对本人撕纸造型进行展示和说明。

 作业点评

任务名称	评价项目
撕贴造型	有目的、有计划、有步骤地完成撕贴的材料选择
	创造性、独立、自我承担地进行撕贴任务实施
	撕贴造型创作的经验归纳与总结
	撕贴造型的表现力

 任务拓展

设计幼儿小班撕纸手工活动，在美工区设置相关撕纸造型环境，并提供撕纸造型的相关材料。

任务四　折纸造型

 任务目标

【知识目标】

1. 说出折纸造型常用的工具材料。

2. 说出折纸造型的方法与步骤。

3. 分析并说出折纸造型技法。

5. 折纸

【技能目标】

1. 运用折纸造型表现技法。

2. 融合其他艺术样式，提高折纸作品的表现力。

3. 学会归纳折纸的规律，进而将简单的折纸运用到幼儿园教学活动实践中。

【职业素养目标】

1. 养成对折纸造型加工、升华的创新意识。

2. 树立团队合作意识、自我评价与反思意识。

3. 形成幼儿园环境设计素养，为适应今后幼儿园美术活动设计、教玩具制作与幼儿园环境布置的需要奠定基础。

 **任务导入**

折纸历史悠久，与我们生活息息相关，而现代的折纸造型越来越多地体现出时代的美感。同时，幼儿教师们也将更多的折纸活动带到幼儿园，幼儿用自己的小手折出生动有趣的作品，不仅锻炼了手指的灵活性，还能培养幼儿的观察能力、动手能力、创新能力。由此可见，小朋友学习折纸益处多多。作为准幼儿教师的你，自己学会折纸造型了吗？

 任务描述

折纸是一项用纸折叠出多种物体的美术手工活动，具有幼儿喜爱、花费少、收益大、简单易行、乐趣多等特征。折纸所用纸张既可以是彩色纸、白纸，也可以是清洁的废纸（如旧年历纸等）。用这些纸，教师可以教幼儿折叠出许许多多、各式各样的物体或玩具，如房子、茶壶、杯子、小钢琴、小船、花篮、娃娃、孔雀、小兔、青蛙、大象等。

通过折叠这些物品、玩具，可以很好地帮助幼儿认识几何图形，辨别纸的方位（边、角、中心、上下、左右、正反等），培养幼儿动手操作能力，增强幼儿手指的灵活性，同时可以培养幼儿的注意力、记忆力、想象力和创造力，也为幼儿的童年带来无穷的乐趣。

本次任务是学习折纸造型的基础知识与折纸造型技巧。

 **必备的知识**

一、折纸的概念、起源及功用价值

折纸是用纸折成各种器具或动物的形状，如车、船、桌、椅、鹤、猴等。由此可见，折纸是一种源于生活、贴近生活、提炼自生活的艺术活动。折纸不只限于使用纸张。世界各地的折纸爱好者在坚持折叠规范的同时，使用了各种各样的材料，如锡箔纸、餐巾纸等。

折纸大约起源于公元1世纪或2世纪时的中国，6世纪时传入日本，再经由日本传到全世界。也有说法认为，折纸起源于日本和西班牙。

对于学生来讲，折纸游戏手脑并用、充满乐趣，还有很多益处：折纸可以锻炼学生手指的灵活性，开发学生的创新能力和动手能力；折纸必须一步一步地进行，在这个过程中，还可以培养学生按步骤、有顺序，做事认真有条理的好习惯；折纸也可以培养他们的观察力和注意力；折纸的可塑性极强，造型千姿百态，折法千变万化，能够很好地提高学生的创造力、想象力和形象思维能力和空间想象能力。

二、材料、工具的准备

1. 材料：厚薄适中、韧性较强的纸张都可以作为折纸的原材料，主要有彩纸、双色彩纸、花纹纸、蜡光纸、卡纸等。如图 1-4-1 所示。

2. 基本工具：剪刀、美工刀、彩笔、双面胶、固体胶等。如图 1-4-2 所示。

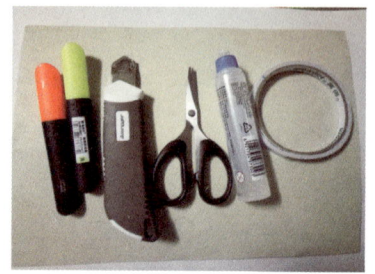

图 1-4-1　纸张材料　　　　　　　　图 1-4-2　工具

三、基本折法

1. 对边折：方形纸相对的两边对折。如图 1-4-3 所示。

（a）　　　　　　　　　　　　　（b）

图 1-4-3　对边折

2. 对角折：正方形相对的两角对折。如图 1-4-4 所示。

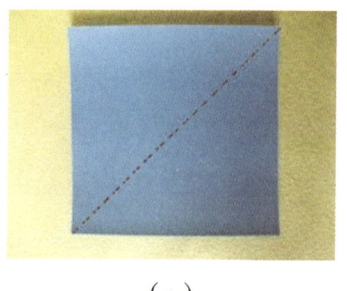

（a）　　　　　　　　　　　　　（b）

图 1-4-4　对角折

3. 集中折（一）：正方形相邻的两边依虚线向对角线折。如图 1-4-5 所示。

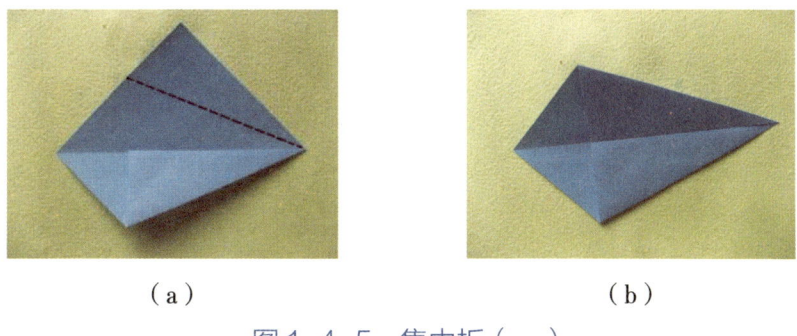

(a)　　　　　　　　　　(b)

图 1-4-5　集中折（一）

4. 集中折（二）：长方形相邻的两边依虚线向对角线折。如图 1-4-6 所示。

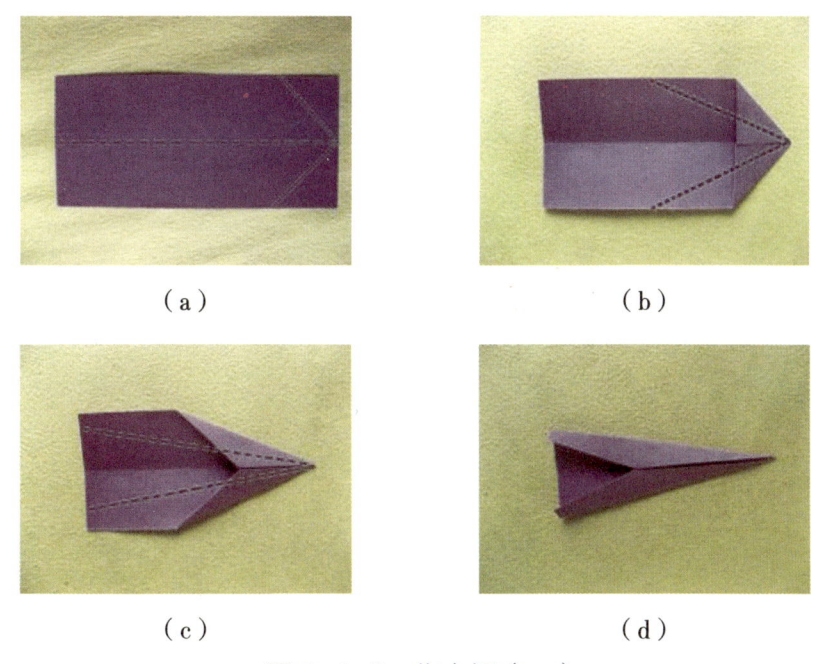

(a)　　　　　　　　　　(b)

(c)　　　　　　　　　　(d)

图 1-4-6　集中折（二）

5. 向中心折（一）：正方形相对的两角向中心折。如图 1-4-7 所示。

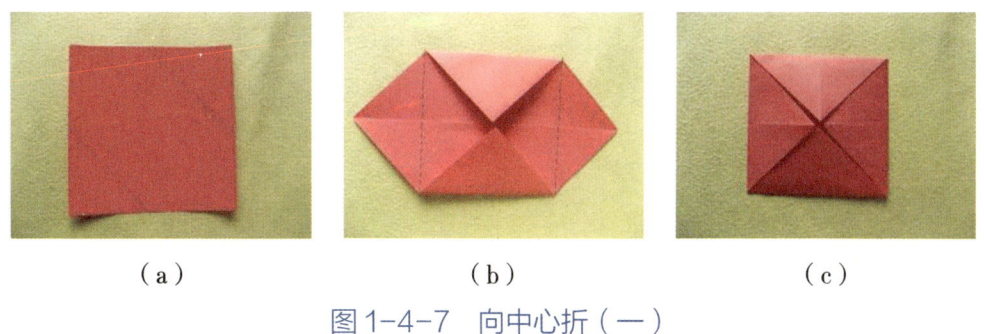

(a)　　　　　　(b)　　　　　　(c)

图 1-4-7　向中心折（一）

6. 向中心折（二）：正方形相对的两边向中心折。如图1-4-8所示。

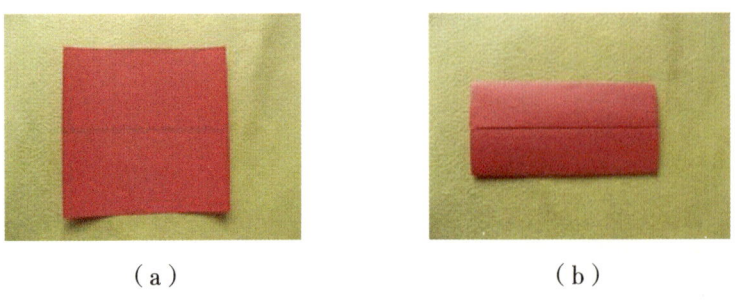

图1-4-8　向中心折（二）

7. 双正方形：一角向前折，另一角向后折，从中间撑开压平，外形呈方形。如图1-4-9所示。

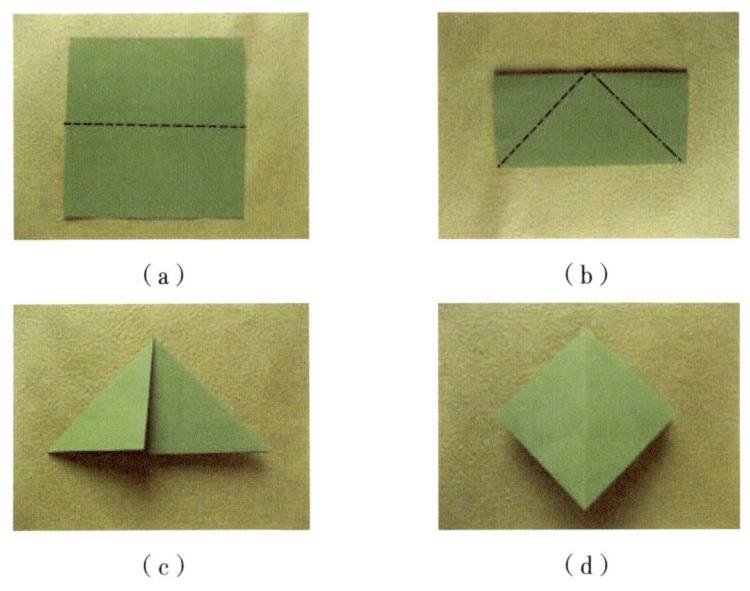

图1-4-9　双正方形

8. 双三角形：将正方形纸沿对角线对折，再沿中线进行一次对折，将纸打开后再将右边的角向上翻折，再将纸翻转，把另一边再进行翻折。将正方形纸从中间打开即可得到一个双三角形。如图1-4-10所示。

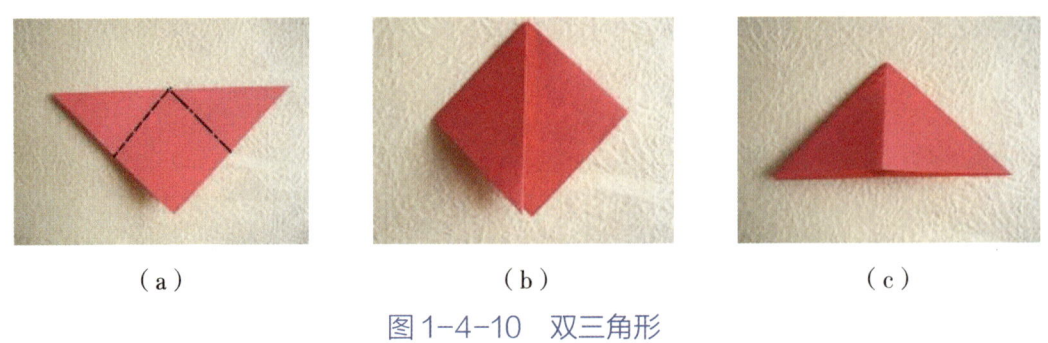

图1-4-10　双三角形

9. 单菱形：把纸张平均对折，折叠出折痕，把两边的角平均折叠，另外两个也往里面折叠进去，把折叠进来的打开，把里面拉出来的平均折叠，另一边也这样拉出来。如图 1-4-11 所示，单菱形折叠完成。

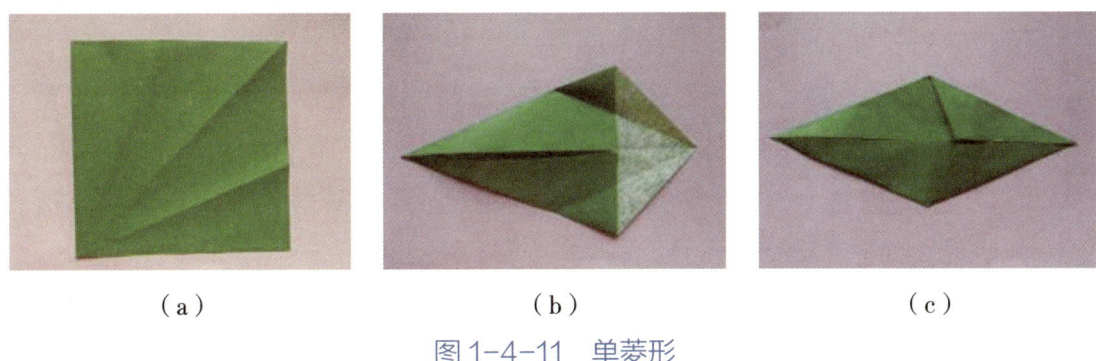

（a）　　　　　　　　　（b）　　　　　　　　　（c）

图 1-4-11　单菱形

10. 双菱形：在双正方形的基础上，两面作对角集中折出折痕，依折痕把两正方形两边内折，双面向上折起压平。如图 1-4-12 所示。

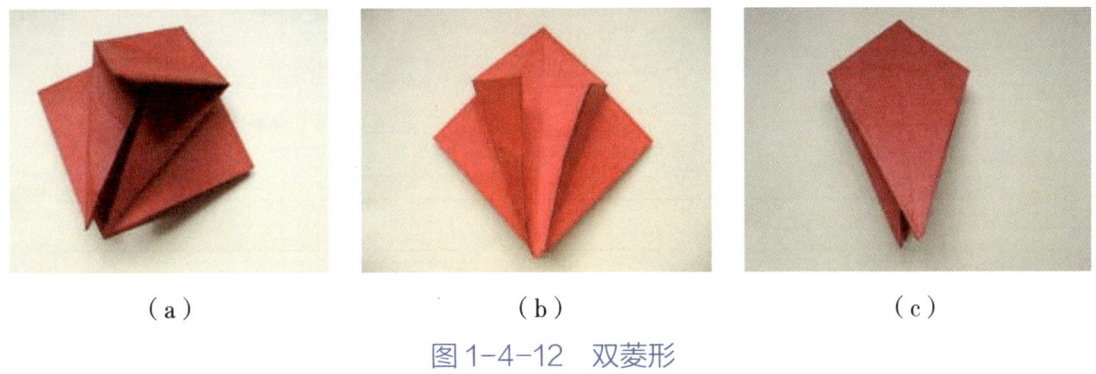

（a）　　　　　　　　　（b）　　　　　　　　　（c）

图 1-4-12　双菱形

11. 反正折：根据折页的方向可分为正折和反折，逆时针折页为正折，顺时针折页为反折。如图 1-4-13 所示。

图 1-4-14 为一幅折纸造型作品。

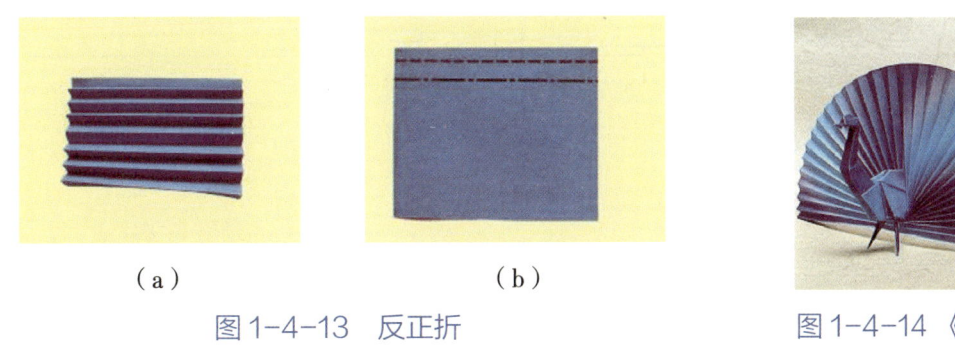

（a）　　　　　　　　　（b）

图 1-4-13　反正折　　　　　　　　　　　图 1-4-14　《孔雀》

| 专家支招 | **折纸的技巧** |

（1）折纸要在平整的台面上进行，纸张尺寸的大小要剪裁准确。

（2）读懂步骤图，熟悉基本折法，按步骤进行折叠，每步都要折叠到位，并按实、压平。

（3）折纸要有信心，不要害怕失败，并多次对每一步进行检查，看是否多折、少折或是折错方向。

（4）要折出一件完美的作品，必须熟悉折叠符号和掌握各种基本折法。如图1-4-15所示，即为各类折叠符号。

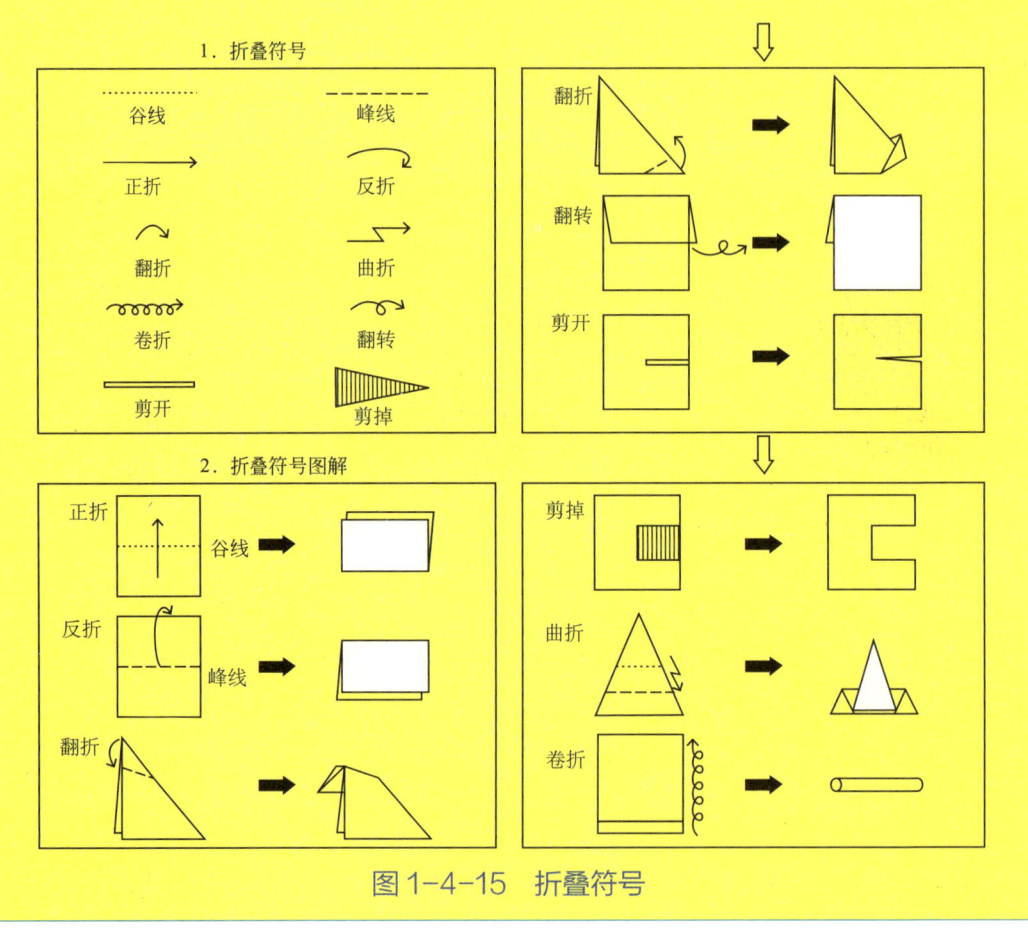

图 1-4-15　折叠符号

四、折纸造型示范

（一）小青蛙造型

步骤一：长宽比例为2∶1的长方形纸，把它折成两个正方形，再进行两次对折；展开后所有折痕呈上下两个"米"字形，中间还有一条横线隔开。如图1-4-16所示。

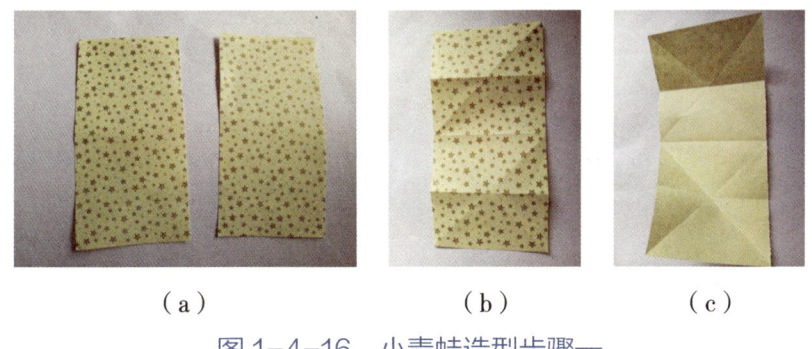

图 1-4-16　小青蛙造型步骤一

步骤二：把上边一条横线的两端捏在一起，其他地方沿折痕收折，压平后形成一个双三角形。如图 1-4-17 所示。

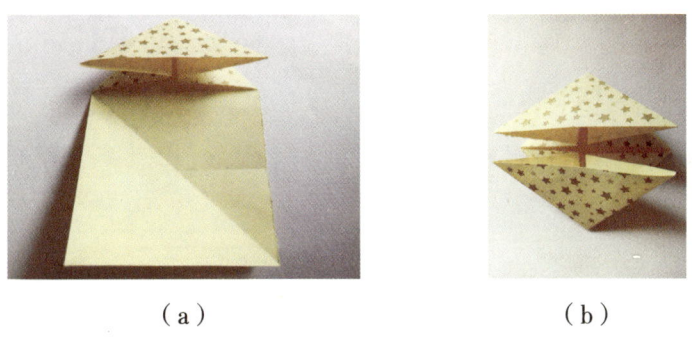

图 1-4-17　小青蛙造型步骤二

步骤三：把左右两端四个可以翻起的角，分别向前向中心对折。如图 1-4-18 所示。

步骤四：把左上角和右上角（左下角、右下角）分别向前、向下（向前、向上）翻折。如图 1-4-19 所示。

图 1-4-18　小青蛙造型步骤三

图 1-4-19　小青蛙造型步骤四

步骤五：翻转到另一面，分别捏住左角和右角向前向下向中心对折。如图 1-4-20 所示。

步骤六：把最下面的三角翻折上来。如图 1-4-21 所示。

（a）

（b）

图 1-4-20　小青蛙造型步骤五

步骤七：把左右两个角分别插入相邻的缝隙里，压平。如图 1-4-22 所示。

图 1-4-21　小青蛙造型步骤六

图 1-4-22　小青蛙造型步骤七

步骤八：如图 1-4-23 所示，向下翻折。

步骤九：再翻上来，一只可爱的青蛙就折好了。如图 1-4-24 所示。

图 1-4-23　小青蛙造型步骤八

图 1-4-24　小青蛙造型步骤九

多个小青蛙造型的折纸作品如图 1-4-25 所示。

（二）郁金香造型

准备两张正方形的手工纸，一张折花，另一张折花茎和叶子。如图 1-4-26 所示。

1. 花朵的折纸造型。

步骤一：取其中一张纸上下对折，左右对折，对角对折，形成"米"字格折痕。如图 1-4-27 所示。

图1-4-25 《青蛙》（折纸作品）

图1-4-26 郁金香花朵造型用纸

步骤二：然后将两边往里压，形成双三角形（图1-4-28）。

图1-4-27 郁金香花朵造型步骤一

图1-4-28 郁金香花朵造型步骤二

步骤三：将三角形底部的两个角往上对折（图1-4-29）。

步骤四：背面也同样往上对折（图1-4-30）。

图1-4-29 郁金香花朵造型步骤三

图1-4-30 郁金香花朵造型步骤四

步骤五：然后从右边翻开（图1-4-31）。

步骤六：将右边往左边折一部分，超过中线；然后，左边同样往右折，折好后将一边塞进另一边里面（图1-4-32）。

图1-4-31 郁金香花朵造型步骤五

图1-4-32 郁金香花朵造型步骤六

步骤七：背面也同样操作（图1-4-33）。

步骤八：从底部的孔将纸张底部撑起来，建议使用牙签（图1-4-34）。

图1-4-33　郁金香花朵造型步骤七　　图1-4-34　郁金香花朵造型步骤八

步骤九：最后将顶部的四个花瓣打开即可（图1-4-35）。

2.花茎和叶子的折纸造型。

步骤一：拿出绿色的正方形纸剪成两个长方形的纸（图1-4-36）。

图1-4-35　郁金香花朵造型步骤九　　图1-4-36　郁金香花茎和叶子造型步骤一

步骤二：将其中一张长方形的纸沿长边卷起来做成茎（图1-4-37）。

步骤三：再取另一张长方形纸剪成一张正方形纸，正方形的纸沿对角线对折（图1-4-38）。

图1-4-37　郁金香花茎和叶子造型步骤二　图1-4-38　郁金香花茎和叶子造型步骤三

步骤四：沿着一头折出三角形（图1-4-39）。

步骤五：再沿着另一头对折（图1-4-40）。

步骤六：折出的图形再对折这样，郁金香的叶子就做好了（图1-4-41）。

图 1-4-39　郁金香花茎和叶子造型步骤四

图 1-4-40　郁金香花茎和叶子造型步骤五

最后，把做好的花朵和叶子组合起来，这样一支漂亮的郁金香就完成了。图 1-4-42 即为两支郁金香造型的折纸作品。

图 1-4-41　郁金香花茎和叶子造型步骤六

图 1-4-42　《郁金香》（折纸作品）

（三）五星花造型

步骤一：准备 5 张正方形的纸（图 1-4-43）。

步骤二：取其中一张纸对边折（图 1-4-44）。

图 1-4-43　五星花造型步骤一

图 1-4-44　五星花造型步骤二

步骤三：然后打开，向中间折痕对折（图 1-4-45）。

步骤四：右边向下面的边对折（图 1-4-46）。

步骤五：再往中间对折（图 1-4-47）。

步骤六：然后打开，把三角往里折；再把上面向右压平（图 1-4-48）。

图 1-4-45　五星花造型步骤三

图 1-4-46　五星花造型步骤四

图 1-4-47　五星花造型步骤五

（a）

（b）

图 1-4-48　五星花造型步骤六

步骤七：上面沿第一条折痕向后折（图 1-4-49）。

步骤八：左边两角向折印对折（图 1-4-50）。

图 1-4-49　五星花造型步骤七

图 1-4-50　五星花造型步骤八

步骤九：再向上对折（图 1-4-51）。

步骤十：然后右边向上折，和下面的边对齐（图 1-4-52）。

图 1-4-51　五星花造型步骤九

图 1-4-52　五星花造型步骤十

步骤十一：再把上面的正方形向下折（图1-4-53）。

步骤十二：打开，把右边的三角插进去（图1-4-54）。

图1-4-53　五星花造型步骤十一　　　图1-4-54　五星花造型步骤十二

步骤十三：这是其中的一个花瓣，其他四个的折法一样（图1-4-55）。

步骤十四：把几个花瓣拼插起来（图1-4-56）。

图1-4-55　五星花造型步骤十三　　　图1-4-56　五星花造型步骤十四

全部拼插工作完成，一朵漂亮的五星花就折好了图1-4-57即为五星花造型的多件折纸作品。

（四）裙子造型

步骤一：准备多张正方形的彩色纸（图1-4-58）。

图1-4-57　《五星花》（折纸作品）　　　图1-4-58　裙子造型步骤一

步骤二：彩色纸的背面沿着正方形的两条中线，上下左右分别对折（图1-4-59）。

步骤三：以正方形的其中一条中线为点，把两边分别往里对折（图1-4-60）。

图 1-4-59　裙子造型步骤二

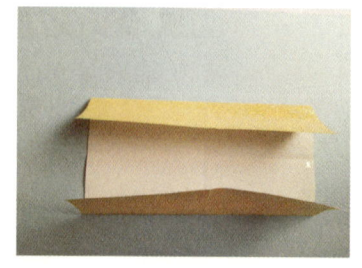

图 1-4-60　裙子造型步骤三

步骤四：打开，正面如图 1-4-61 所示。

步骤五：两边分别以小长方形的中线为准对折（图 1-4-62）。

图 1-4-61　裙子造型步骤四

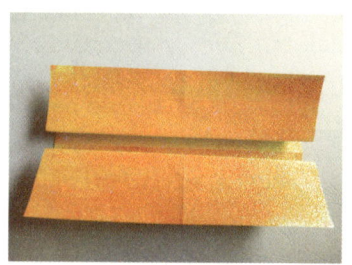

图 1-4-62　裙子造型步骤五

步骤六：上一步折好后背面的样子如图 1-4-63 所示。

步骤七：如图 1-4-64 所示进行对折。

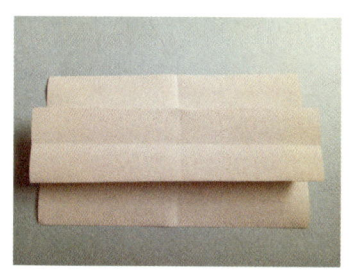

图 1-4-63　裙子造型步骤六

图 1-4-64　裙子造型步骤七

步骤八：折印不动，在折印的基础上向上折 1 厘米左右（图 1-4-65）。

步骤九：上身要留得短点，符合裙子的基本造型（图 1-4-66）。

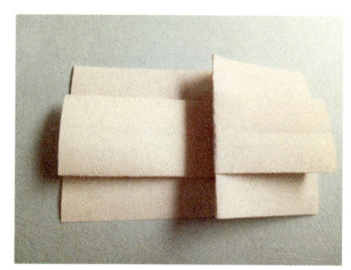

图 1-4-65　裙子造型步骤八

图 1-4-66　裙子造型步骤九

步骤十：把比较长的那部分当作裙摆，把折进去的部分分别往两边打开（图 1-4-67）。

步骤十一：把折纸翻过来，把领口的部分折成如图 1-4-68 所示的样子。

图 1-4-67　裙子造型步骤十　　　　图 1-4-68　裙子造型步骤十一

步骤十二：把领口最上面的部分再打开，分别往两边折（图 1-4-69）。

（a）　　　　　　　　（b）

图 1-4-69　裙子造型步骤十二

步骤十三：把上衣两边如图 1-4-70 所示这样折。

步骤十四：折的时候裙摆交界处要做好，上面部分不动，裙摆交界处往里压（图 1-4-71）。

图 1-4-70　裙子造型步骤十三　　　　图 1-4-71　裙子造型步骤十四

步骤十五：再把袖子两边分别往外折（图 1-4-72）。

步骤十六：一件漂亮的公主裙就做好了（图 1-4-73）。

图 1-4-74 为裙子造型的多件折纸作品。

图 1-4-72　裙子造型步骤十五　　　图 1-4-73　裙子造型步骤十六

（五）蝴蝶结造型

步骤一：准备多张彩色纸（图 1-4-75）。

图 1-4-74　《裙子》（折纸作品）　　图 1-4-75　蝴蝶结造型步骤一

步骤二：首先折出"米"字格（图 1-4-76）。
步骤三：聚合成双正方基本型（图 1-4-77）。

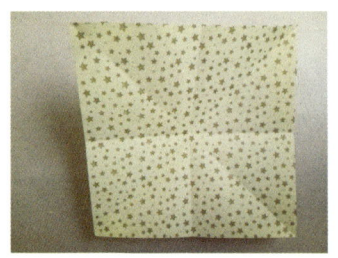 

图 1-4-76　蝴蝶结造型步骤二　　　图 1-4-77　蝴蝶结造型步骤三

步骤四：在正方形的顶角处向下折一小部分（图 1-4-78）。
步骤五：展开，中心点处形成一个有交叉线的小正方形（图 1-4-79）。

图 1-4-78　蝴蝶结造型步骤四　　　图 1-4-79　蝴蝶结造型步骤五

步骤六：沿这些交叉折痕慢慢向内对折起来（图1-4-80）。

步骤七：把左右两边对准中线对折起来（图1-4-81）。

图1-4-80　蝴蝶结造型步骤六

图1-4-81　蝴蝶结造型步骤七

步骤八：另一面采用同样折法，如图1-4-82所示。

步骤九：把底部整个展开，如图1-4-83所示。

图1-4-82　蝴蝶结造型步骤八

图1-4-83　蝴蝶结造型步骤九

步骤十：展开后，中间压平，如图1-4-84所示。

步骤十一：翻到反面，把那四条边用剪刀剪开（图1-4-85）。

图1-4-84　蝴蝶结造型步骤十

图1-4-85　蝴蝶结造型步骤十一

步骤十二：摆正，把上面的那一面向下翻，对齐（图1-4-86）。

步骤十三：左右两边的角以中线为准对折（图1-4-87）。

步骤十四：左右两角对齐中线折（图1-4-88）。

步骤十五：用剪刀将该正方形沿中线剪开（图1-4-89）。

图1-4-86　蝴蝶结造型步骤十二

图1-4-87　蝴蝶结造型步骤十三

图1-4-88　蝴蝶结造型步骤十四

图1-4-89　蝴蝶结造型步骤十五

步骤十六：注意，不要剪到背后的中心正方形（图1-4-90）。

步骤十七：再将由正方形处剪开的飘带两边往里折一些（图1-4-91）。

图1-4-90　蝴蝶结造型步骤十六

图1-4-91　蝴蝶结造型步骤十七

图1-4-92　蝴蝶结造型步骤十八

步骤十八：飘带里面的部分各自往外折（图1-4-92）。

步骤十九：翻到正面，把角塞进中心正方形，如图1-4-93所示。

按上述步骤折好若干个蝴蝶结后，将各飘带下方尾端剪成如图1-4-94所示的形状，漂亮的蝴蝶结折纸作品就完成了。

图 1-4-93　蝴蝶结造型步骤十九　　　　图 1-4-94　《蝴蝶结》（折纸作品）

五、折纸作品

如图 1-4-95～图 1-4-99 所示，为几幅折纸作品。

图 1-4-95　《三角插作品》

图 1-4-96　《炫彩烟花》

图 1-4-97　《宝石》

图 1-4-98　《雨伞》

图 1-4-99　《姐妹》

> **知识链接**
>
> 　　现代折纸已不单是一门艺术，它与自然科学结合在一起，不仅在建筑学上进行建造模拟，还发展出了折纸几何学，进而形成了一门新的科学——折纸数学。折纸数学被应用于卫星太阳能电池板、汽车安全气囊的设计，甚至哈勃太空望远镜的结构设计都有一部分构思得益于折纸数学。由折纸艺术引申而来的"折纸数学"，用方程式证明了：理论上，任何一种几何形态都可以用折纸模拟。借助计算机软件的辅助设计，现在的折纸研究者可以折出比以往更为复杂的图形。

 任务实施

折纸造型

一、活动形式

4人一组,既可互相督促、互相比拼,又可互相交流、互相学习。

二、活动内容

完成两组折纸造型,其中一组为花卉组合造型,另一组为动物造型。

三、活动时间

80分钟。

四、活动目的

通过对折纸造型作品的欣赏,模仿、学习、掌握折纸造型的表现技法;提升学生折纸造型的能力,锻炼学生的组织及表达能力,以及根据提取的单个素材进行设计整合的创新能力;能在折纸造型中融入其他艺术样式。

五、活动步骤

步骤一:小组设计制作流程。

步骤二:根据制作流程完成折纸造型。

步骤三:按小组分,由本人对自己的折纸造型进行展示和说明。

 作业点评

任务名称	评价项目
折纸	有目的、有计划、有步骤地完成
	创造性、独立、自我承担地解决问题
	折纸制作技能
	成果展示效果
	折纸造型作品制作的经验归纳与总结

 任务拓展

为绘本故事中的形象进行设计并完成一组折纸造型,并用这组折纸造型来进行绘本故事的讲述。

任务描述:在本任务中,为幼儿的语言活动进行设计并完成折纸造型。该组造型的玩法为把手套进去,使动物玩偶的嘴巴可以一张一合;可表演角色游戏,讲故事。

任务分析：此任务包括4个工作环节：第一个环节是根据绘本故事构思造型；第二个环节是绘制设计草图；第三个环节是制作；第四个环节用做好的玩具讲故事。

任务五　纸藤编织

　任务目标

【知识目标】

1. 选择纸藤编织的材料和工具。
2. 说出纸藤编织的基本方法和步骤。

【技能目标】

1. 运用基本的编织技法，按步骤编织纸藤造型作品。
2. 运用纸藤编织技法，设计并编织纸藤作品。
3. 在纸藤编织的基本技法上进行创新编织。

【职业素养目标】

1. 在纸藤编织过程中不断反思和改进，提高创新能力。
2. 在纸藤编织的过程中感受编织乐趣，增强对生活的热爱。
3. 在纸藤编织过程中养成耐心细致的习惯及刻苦钻研的探究精神。

6.纸藤花篮编织

　任务导入

将纸条搓成藤，便成为一种好玩有趣的材料。纸藤是近些年兴起的一种新材料，相较于传统藤艺，纸藤更灵活多变、色彩斑斓、有质感。无论收纳盒、包包、创意小品、装饰物，甚至于家具都可采用纸藤制作，可塑性极强。纸藤编织近年来很受手工艺者的欢迎；相较于传统的藤条，纸藤更轻便、易得且更易操作。

　任务描述

纸藤安全、无毒，不易破碎，无尖锐棱角，因此纸藤编织是幼儿园经常组织进行的手工活动。纸藤编织简单易学、操作简便,且不是完全模仿,因此,纸藤编织更能发挥幼儿的主观能动性和创新性。通过本任务学习纸藤编织的基本技法,为今后创设环境、美化环境提供一种多元的美术形式。

必备的知识

编织的技艺源远流长。编织是指把细长的东西相互交错或钩连而组织起来。

在幼儿园手工制作活动中,由于合适的天然藤材不易收集,同时还要考虑到材料的安全、环保,因此就常以纸藤或废旧电线作为材料进行编织。纸藤是一种特殊的环保材料,主要是以绵纸为材质,经过特殊的机器加工后制作而成。编织纸藤与制作纸藤花所用的纸藤是不同的,编织纸藤具有色彩丰富、柔韧性强、坚固、不易变形等优点,编织出来的成品质朴、实用、环保,有着原生态的自然气息,让人仿佛置身田园之中。纸藤卷因其配色多、质地柔软、易塑形,还具有防水的特点,可以更好地制作出纸藤作品。

纸藤编织用到的工具十分常见的,不需要特别费心地准备,编织的基础技法多种多样,包括套编法、直编法、扭编法、3股绳编法等,有时仅需一种技法就可以编出简单实用的作品。

一、纸藤编织的材料与工具

目前纸藤编织中常用的编织纸藤分为铁丝纸藤、无铁丝纸藤以及出口日本的宽纸藤3种。

1.铁丝纸藤:内含铁丝,质量较重,可塑性强,编织底部及收口时常常会用到。如图1-5-1所示。

2.无铁丝纸藤:价格便宜,质量较轻,更为柔软,容易编织,但无法塑形,需要配合铁丝纸藤使用。如图1-5-2所示。

图1-5-1 铁丝纸藤

图1-5-2 无铁丝纸藤

3. 宽纸藤：宽纸藤是小卷装，一般是按纸藤的股数及长度分，最常见的是12股。宽纸藤具有防水滴、易成形、坚固耐用、环保（原浆牛皮纸制成）等特点，是用于手工编织、代替天然藤的上佳材料。如图1-5-3所示。

纸藤编织的常用工具包括双面胶、白胶、硬化剂、剪刀、尖嘴钳、夹子、螺丝刀、小刀、软尺等。如图1-5-4所示。

图1-5-3　宽纸藤

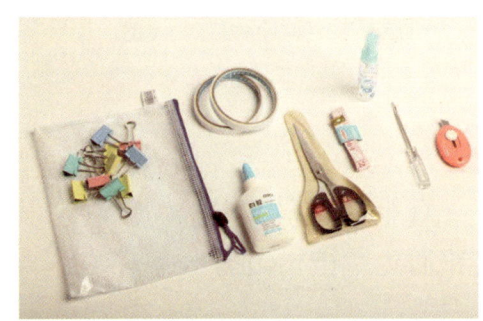
图1-5-4　纸藤编织常用工具

二、纸藤的基本编法

（一）十字底编法（以6支纸藤为例）

① 将已调直的主枝以三下（竖向）三上（横向）的方式，呈"十"字形摆放，中心点重合，a线需较长一些。如图1-5-5所示。

② 将左上最外侧的纸藤（a线）折下，压过横向纸藤。如图1-5-6所示。

图1-5-5　十字底编法步骤①

图1-5-6　十字底编法步骤②

③ 将3支竖向纸藤下方往上折立起来，使之与桌面垂直。如图1-5-7所示。

④ 将a线向右绕，之后将步骤③中上折的主枝下压，将a线压在下面，竖向纸藤复位；再将a线往上绕，压住右方的横向纸藤。如图1-5-8所示。

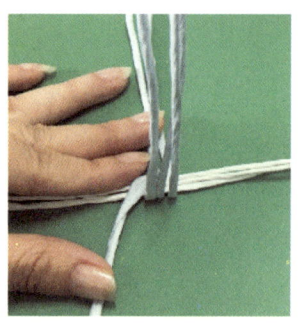 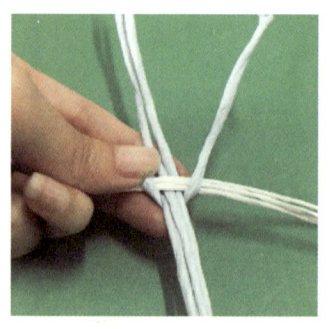

图1-5-7　十字底编法步骤③　　　图1-5-8　十字底编法步骤④

> **专家支招**
>
> 在纸藤编织过程中，做骨架、不缠绕的纸藤为主枝，环绕编织的一支纸藤为编枝，如图1-5-8中，a线为编枝，其余为主枝。

⑤ 将编枝绕至上方的竖向主枝下，保持竖向主枝在上，压住编枝。如图1-5-9所示。

⑥ 以同样的方式，保证竖向主枝在上，横向主枝在下，将编枝再绕一圈。如图1-5-10所示。

 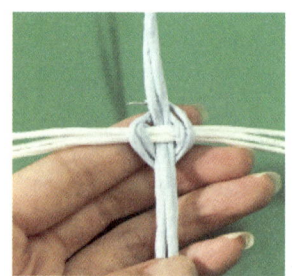

图1-5-9　十字底编法步骤⑤　　　图1-5-10　十字底编法步骤⑥

> **专家支招**
>
> 纸藤互相衔接时，可将用尽纸藤的尾端反向拧几圈，使之松散开，再在中间接入新纸藤，也可将新纸藤在用尽的旧纸藤尾端缠绕几圈，使之连接起来，必要时可用白胶进行固定。

⑦ 做好后将11支主枝（原本使用6支纸藤从中心点重合被分为12段，其中1段作为编枝，剩下11段作为主枝）呈放射状平均散开。如图1-5-11所示。

⑧ 将编枝剪断，另接一支编枝（无铁丝纸藤卷）继续绕编，此时主枝变为一上一下被编枝压挑，编枝绕编要紧密，稍用力。如图1-5-12所示。

图 1-5-11　十字底编法步骤⑦　　图 1-5-12　十字底编法步骤⑧

> **纸藤编织术语**
> 压——编枝压在主枝上。
> 挑——主枝压在编枝上。

知识链接

（二）井字底编法（以 12 支纸藤为例）

① 将铁丝纸藤卷先以三上（横向 b 组）三下（竖向 a 组）的十字形摆放，如图 1-5-13 所示。

② 再在 a 组左方、b 组之上压 3 支竖向铁丝纸藤卷（c 组）。如图 1-5-14 所示。

图 1-5-13　井字底编法步骤①　　图 1-5-14　井字底编法步骤②

③ 再取 3 支铁丝纸藤卷（d 组），与 b 组平行，置于 c 组之上，并压在 a 组之下，如图 1-5-15 所示，整体呈"井"字形。

④ 取 a 组下方最外侧的一支纸藤做编枝。如图 1-5-16 所示。

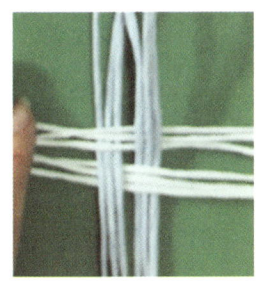 

图 1-5-15　井字底编法步骤③　　图 1-5-16　井字底编法步骤④

⑤ 如图 1-5-17 所示，将编枝向上折，压 b 组、挑 d 组。

⑥ 再向左压 a 组、挑 c 组，再继续向下压 d 组、挑 b 组，之后向右压 c 组、挑 a 组，完成一圈的绕编。如图 1-5-18 所示。

 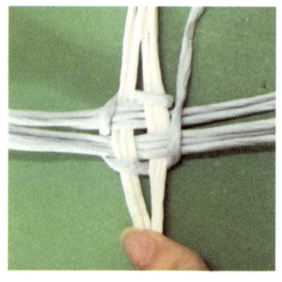

图 1-5-17　井字底编法步骤⑤　　　　图 1-5-18　井字底编法步骤⑥

⑦ 以这样逆时针的方向绕编 2 圈，铁丝纸藤卷用完后，接上无铁丝纸藤卷继续绕编一圈。如图 1-5-19 所示。

⑧ 将主枝平均散开，编枝继续依需要方式（不同作品有不同的压挑方式）进行逆时针方向的绕编。如图 1-5-20 所示。

图 1-5-19　井字底编法步骤⑦　　　　图 1-5-20　井字底编法步骤⑧

三、编织示范

准备材料：60 厘米铁丝纸藤卷 10 支、25 米无铁丝纸藤卷 1 卷（图 1-5-21），钳子。

（一）编织底部

① 以五上（横向）五下（竖向）的方式将 10 支铁丝纸藤以十字底的方式摆放。如图 1-5-22 所示。

② 将编枝（左上）用十字底编法以逆时针方向进行绕编。如图 1-5-23 所示。

图 1-5-21　纸藤卷材料准备

③ 绕编 4 圈，若铁丝纸藤卷用尽，需替换无铁丝纸藤卷。如图 1-5-24、图 1-5-25 所示。

图1-5-22　步骤①

图1-5-23　步骤②

④ 将主枝以两支为一组（有一组为单主枝）平均分散开。如图1-5-25所示。

图1-5-24　步骤③

图1-5-25　步骤④

⑤ 再以两上两下的压挑方式继续编约5圈。如图1-5-26所示。

⑥ 将主枝以圆弧方式立起，再以一上一下的压挑方式编3圈。如图1-5-27所示。

图1-5-26　步骤⑤

图1-5-27　步骤⑥

（二）编织篮身

绕编时需不断调整主枝间的距离，使之平均即可。将底部圆弧编高后，再次调整主枝间距。将主枝稍稍向外倾斜，用编枝继续绕编，完成篮身的编织。如图1-5-28所示。

（三）收尾

将编枝插入编枝层里，隐藏好末端。将主枝用钳子弯成直角，并留出

5～6层编枝厚度后剪断。将主枝藏在相邻的主枝缝隙里,其余主枝都以此方法完成收编。如图 1-5-29 所示。

图 1-5-28 编织篮身

图 1-5-29 收尾

任务实施

活动设计:编织基础纸藤造型

一、活动形式

以 2 人为一小组完成编织。

二、活动时间

30 分钟。

三、活动目的

能运用基本的编织技法进行编织。

四、活动步骤

步骤一:以小组为单位,赏析优秀编织作品。

步骤二:设计造型,画出小稿。

步骤三:规划编织步骤,根据步骤进行编织。

步骤四:小组将编织的作品进行展示。

步骤五:归纳总结编织技法与编织经验。

作业点评

任务名称	评价项目
纸藤编织	有目的、有计划、有步骤地完成
	创造性、独立、自我承担地解决问题的能力
	是否掌握基础编织技法,是否能进行创新编织
	展示效果
	编织纸藤的经验归纳与总结

任务考评

【知识巩固】

一、多项选择题

1. 中国编织工艺品按原料可划分（　　）。
A. 竹编　　B. 藤编　　C. 草编
D. 棕编　　E. 麻编

2. 编织工艺品的品种主要有（　　）。
A. 日用品　　B. 玩具　　C. 家具
D. 剪纸　　E. 欣赏品

二、简答题

1. 纸藤的特点有哪些？
2. 纸藤编织需要的工具有哪些？
3. 纸藤的基本编法有哪些？

 任务拓展

任务描述：4～6人为一小组，运用纸藤编织技法，设计并编织有创意的纸藤作品，并能在纸藤编织的基本技法上进行创新编织。

任务分析：此任务包括5个工作步骤。

步骤一：以小组为单位，构思设计创意纸藤造型，并绘制出草图。

步骤二：设计编织流程。

步骤三：根据制作流程完成纸藤的编织。

步骤四：小组将制作的纸藤编织进行展示。

步骤五：归纳总结经验。

项目二

认识与制作布造型

 项目概况

布造型与我们的生活息息相关,是一种历久而弥新的手工艺术。从家居用品到随身小物,从装饰品到实用物品,现在越来越多的布造型被应用到幼儿园教学的教玩具制作中。让孩子们的幼儿园生活出现"布"一样的精彩。本项目以布造型中较为常见的传统的布造型艺术、布贴画、不织布造型、袜子娃娃等为载体,对学生进行布材料造型能力的训练,使学生在学习与制作布造型作品后,能够了解与掌握布造型相关知识与技能。同时提高学生的动手能力及审美情趣。

任务一　认识布造型

 任务目标

【知识目标】

1. 说出布艺的相关知识,对布造型艺术有更为形象的认识。
2. 说出布造型中常用的种类及工具。

【技能目标】

1. 运用布材料的独特质感和性能设计不同的布造型。

7. 百变布造型

2. 运用布造型的基本方法与技巧进行手工造型。

3. 创新布造型的基本方法与技巧。

【职业素养目标】

1. 体验制作过程中动手创造的乐趣，分享劳动成果。

2. 养成环保好习惯，增强环保意识。

3. 关注传统与现代布造型的文化形式与时代特色，感受布文化的内涵和布造型的艺术魅力。

4. 感受创新思维、发散思维在艺术中的魅力，敢于碰撞出智慧的火花。

任务导入

历史悠久的布造型与我们生活息息相关，而现代的布造型越来越多地体现出时代的美感；同时，更多的布造型也被运用到了幼儿园的教玩具制作、环境创设和装饰美化中，让幼儿们体会到布造型带来的乐趣。幼儿们看到这些可爱的布造型都非常喜欢，渴望也能拥有自己的布造型。你作为带班教师，如何带领孩子们去了解布造型并教会他们制作布造型的技法？

任务描述

幼儿园的手工教学活动中，布造型的种类多种多样，要具备布造型能力，必须以培养学生审美情趣、掌握基本造型的布艺语言为出发点，了解布造型的材料与工具，了解布造型的表现形式，掌握布造型的方法步骤等。只有具备了布造型的基本知识与技法语言，才能完成各种不同的布造型作品。因此，通过完成本任务掌握和了解布造型基本知识与操作技能，为制作不织布玩偶、袜子娃娃及其他布造型的学习打下坚实的基础。

必备的知识

一、布艺概述

布艺，即布上的艺术，是中国民间艺术中一朵瑰丽的奇葩。

中国拥有五千年的悠久文明史。据考古发现，一万八千年前的旧石器时代，山顶洞人就已经使用骨针缝缀兽皮；距今七千多年的新石器时代，河姆渡人不但会使用骨针，而且会使用捻线和纺轮；而四千多年前的良渚文化，则出现了麻线和绸片，丝线和丝带等原始的纺织品。这些都形成了民间布艺及其用品的雏形。在我国，历经三千多年男耕女织的农业社会中，缝纫、刺绣在中国民间被称为"女红"，而勤劳智慧的中国妇女将自己美好的情感倾注于针线缝制之中，风格或细腻纤秀、淡雅清新，或粗犷豪放、色彩鲜明，创作出了无数动人心弦的布艺作品。

中国民间的布艺是以布、绢、绸、缎为主要材料，以百姓对美好生活的向往为题材，用变形、夸张的手法，同时融合其他民间的艺术制作技法，通过剪、缝、贴、绣、拔、拼、缠、纳、叠、镶、挑等技法进行造型的一种布制工艺。中国古代的民间布艺主要有绣花、挑花、贴花等。

中国布艺代代相传，各类布艺作品表现出作者对生活的理解和热爱，倾注了人们无尽的智慧，具有鲜明的艺术特色。如图2-1-1～图2-1-4所示。

图 2-1-1　可爱的回头驴

图 2-1-2　老虎帽

图 2-1-3　五子五毒肚兜（甘肃）

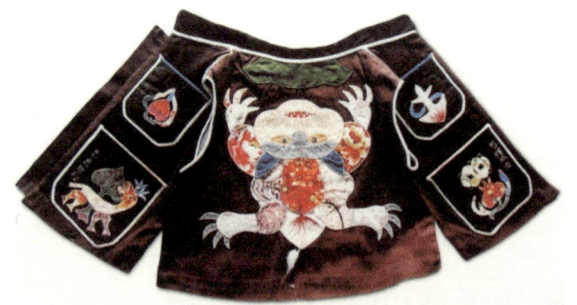

图 2-1-4　五毒布贴童装（湖北）

二、布造型的材料与工具

（一）常用布造型材料

幼儿园教玩具及环境创设中常用布类有麻布、无纺布、牛仔布、蓝花布等。如图2-1-5～图2-1-8所示。

图 2-1-5　麻布

图 2-1-6　无纺布

图 2-1-7　牛仔布

图 2-1-8　蓝花布

（二）常用工具

常用工具包括各型号的针、尖头剪刀、镊子、各色线、溶胶、热熔胶枪、太空棉、铅笔、橡皮擦、定位针、配饰、乳胶等。如图 2-1-9 所示。

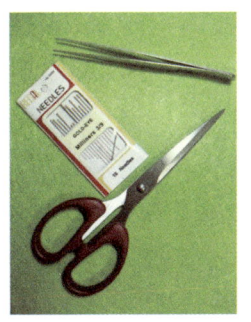
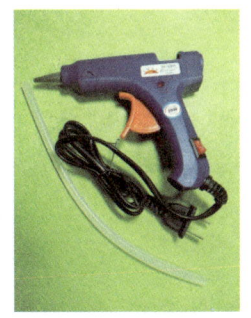

图 2-1-9　布造型的常用工具

三、布造型的表现形式与常用技法

（一）布造型的表现形式

从传统来看，中国古代的民间布艺主要应用于服装、鞋帽、床帐、挂包、背包和其他小件的装饰（如头巾、香袋、扇带、荷包、手帕等）、玩具等。时至今日，布造型有了另一种含义，指以布为主料，经过艺术加工后达到一定的艺术效果，满足人们的生活需求的制品，如拼布、布贴画、不织布造型、袜子娃娃等。当然，传统布艺也以润物细无声的形式融入现代布造型艺术中，逐渐形成了另一种时尚美。

> **知识链接**
>
> 服装——肚兜。肚兜的造型艺术以刺绣为主，也有贴补花纹的。由于它包括缝、绣、剪裁、造型及色彩构成，所以肚兜属于民间妇女布艺创作中的综合表现部分。妇女为丈夫或子女绣肚兜；她们自用的肚兜一般只以纯色（多为红色）布料做成，略加花边装饰而已。绣给丈夫的肚兜多以戏曲、神话、传说中的爱情故事为题材以示意；为子女绣的则以虎吃五毒、莲（连）生贵子等护生、繁衍主题为内容。
>
> 鞋帽——虎头帽。在中国大江南北，人们视生育为头等大事。新娘自怀孕（"有喜"）开始，娘家以及自己即要动剪引线，为新生儿准备各种穿戴用品，从头到脚、从睡到学步样样齐全。母辈们将希望祝愿全都倾注在一针一线中，如花衣、花帽、花鞋、花肚兜、花围嘴、花褥、花被等，冬暖夏凉，既是实用品又是艺术品。那些千姿百态的造型，那些五颜六色的搭配，都是为了将新生儿打扮得如花似锦、生龙活虎。童帽，尤其重要，最常见的是虎头帽，或叫狮头帽。
>
> 玩具——布老虎。布老虎的实际用途是为幼童制作的枕头或是玩具。伴随着新生命的健康生长，它不只是一件具有审美意义的物件，更是从古至今华夏民族对虎文化的传承延续。虎是镇宅、驱邪、禳灾，以及生育的保护神，是中华大地上的吉祥物。数千年来，在民间代代相传的布老虎，主要在汉族人民聚居的广阔地区流传着。中国各地的布老虎造型多以双鱼眉、人祖鼻，太阳眼为主。

1. 拼布：就是把布料按照图谱或图案一块块拼接起来做成具有实用性或艺术性的布艺作品的过程。拼布已从废物利用转变为艺术创作。通过拼缝各种形状、色彩的布片，并随意结合各种刺绣、编织、钩编等手工技法，制成了一件极具观赏和审美价值的"生活艺术品"。如图2-1-10所示。

2. 布贴画：布贴是以布为主要的造型材料，经过剪贴、重组构成的具有装饰性的浮雕感的画面。布贴不是自然和形象地再现，而是巧妙地利用布料已有的材质、纹理、色彩、光泽、图案进行再创作的过程，具有画笔所不能取代的艺术效果。布贴画剪贴技法有并列拼贴、重叠粘贴等。如图2-1-11所示。

图 2-1-10　拼布被

图 2-1-11　《亲吻鱼》(布贴画)

3. 不织布造型：不织布又称无纺布，具有防潮、透气、柔韧、质轻、不助燃、易分解、无毒、无刺激性、色彩丰富、价格低廉、可循环再利用等特点。不织布因具有布的外观和某些性能而被称为布。因不织布的无毒、无刺激性等特性，现在越来越多地被运用到幼儿园的教玩具制作和环境创设中。如图 2-1-12 所示。

（二）布造型的常用技法

1. 剪：用剪刀剪出画好的布造型形状。如图 2-1-13 所示。

图 2-1-12　《城堡八音盒》(不织布缝贴)

图 2-1-13　剪

2. 缝法

（1）平针（缝）法：最简单、最基础的一种针法，针脚距离可疏可密，也可变换方向，一般用于造型中手、脚、耳朵的缝制，缝制时需要翻到背面缝好后再翻回正面。如图 2-1-14 所示。

1）从布的背面出针；

2）往前约 0.5 厘米处入针；

3）往前约 0.3 厘米处出针；

4）往前上下运针，针目约 0.2～0.3 厘米，约 2～3 针后抽针；

5）动作 4）反复进行，直到缝完。

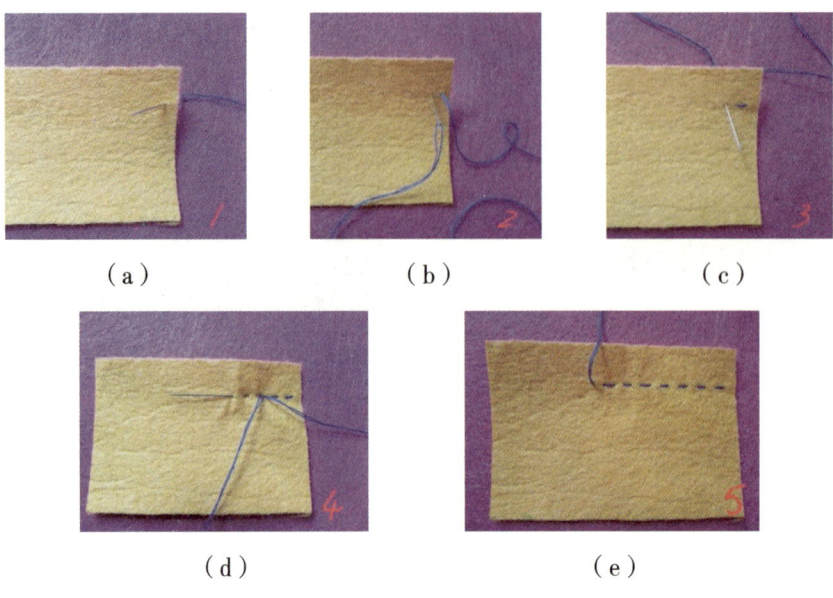

图 2-1-14　平针逢法

（2）回针（缝）法：用于补强平针缝法的不牢靠之处或缝制较厚的布。如图 2-1-15 所示。

1）从记号点外 0.7 厘米处入针，往前约 0.5 厘米出针；

2）往后回一半，入针，往前记号处出针；

3）回到前一针尾部入针；

4）往前约 0.7 厘米处出针；

5）重复动作 3）至动作 4）；

6）线痕如图 2-1-15（f）所示，注意与平针缝法的区别。

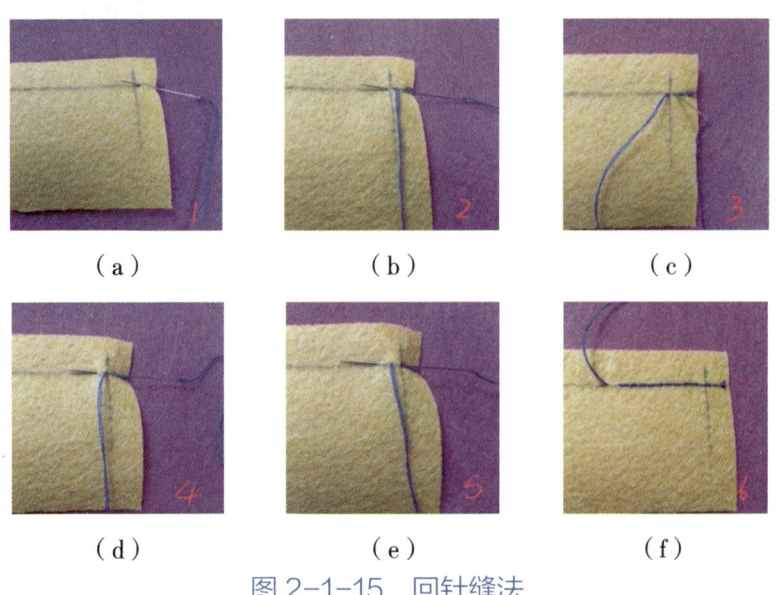

图 2-1-15　回针缝法

（3）锁边（缝）法：这种方法一般用来缝制织物的毛边，以防织物毛边散开。如图 2-1-16 所示。

1）将两块布重叠，从前面一块布的背面边缘出针；

2）从后面一块布的边缘处入针，第二入针点与第一出针点对齐，第三出针点在第一出针点的 0.2～0.3 厘米处；

3）依次从前面出针后面入针，如此重复动作，直到缝完。

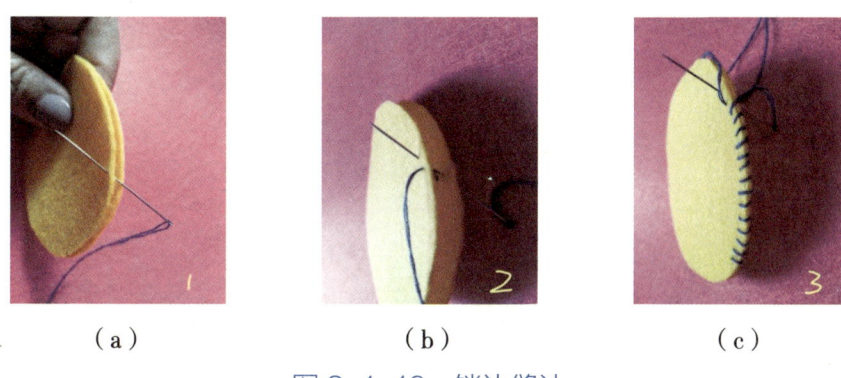

（a） （b） （c）

图 2-1-16　锁边缝法

（4）包边（缝）法：也叫毛边缝，用于装饰布片边缘，简单实用，能起到很好的装饰作用（单片布用这种针法叫包边缝，两片及多片布用这种针法叫锁边缝）。如图 2-1-17 所示。

1）沿着布片边缘表面出针；

2）将线绕过布片，动作 1）出针处前方再入针，针目可自己调整；

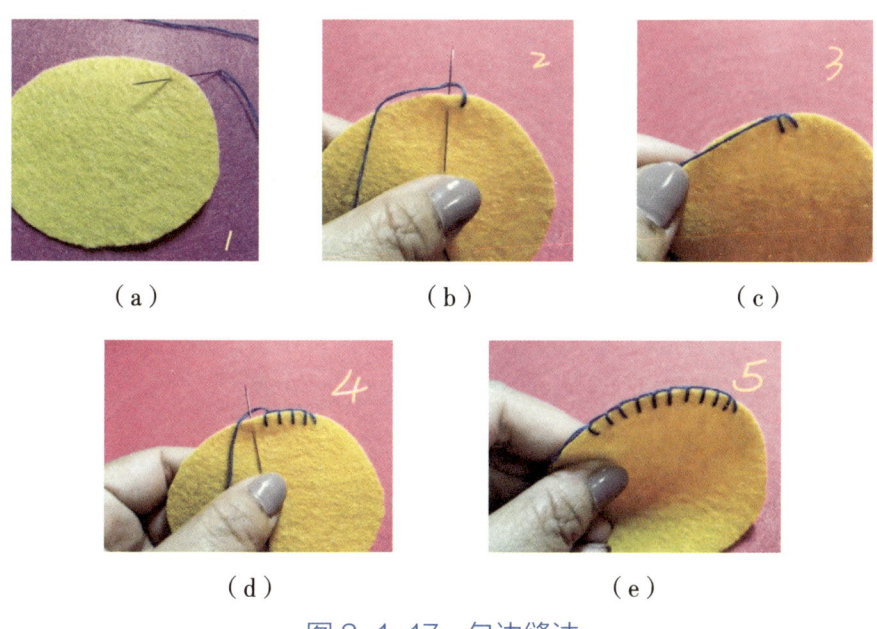

（a） （b） （c）

（d） （e）

图 2-1-17　包边缝法

3）拉紧线段；

4）重复动作2）至动作3）；

5）完成后的线迹如图2-1-17（e）所示。

（5）藏针（缝）法：这是很实用的一种针法，能够隐匿线迹，常用于不易在反面缝合的区域。如图2-1-18所示。

1）A布背面出针；

2）B布对应点入针往前约0.3厘米出针；

3）在A布对应点入针往前约0.3厘米处出针；

4）重复动作2）至动作3）；

5）完成缝制。

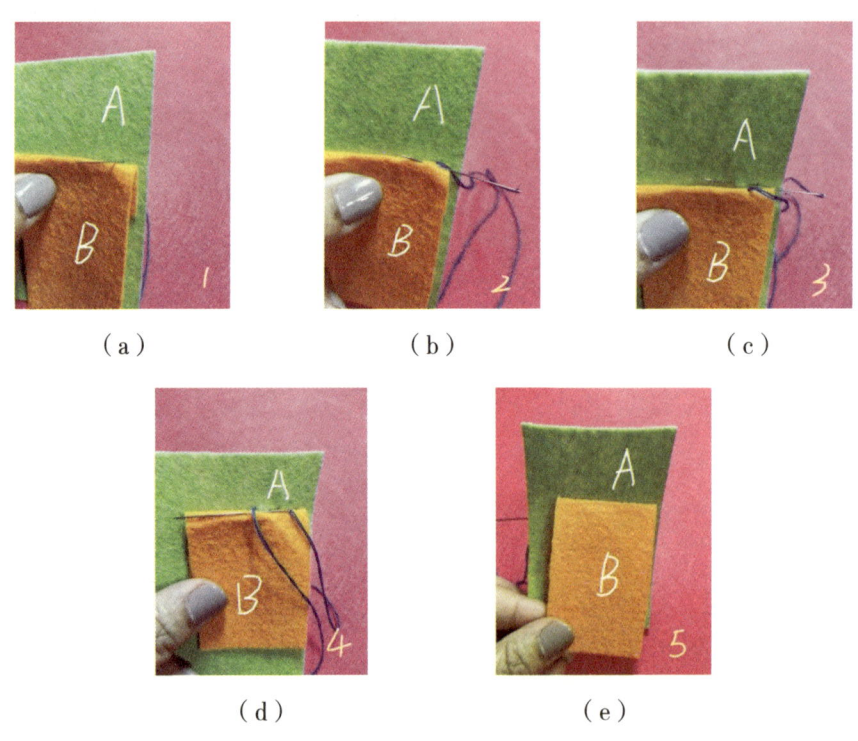

图 2-1-18　藏针缝法

（6）缩缝法：用于制作缩口。如图2-1-19所示。

1）由圆形布片表面入针，往前约0.5厘米处出针；

2）再往前0.5厘米处入针；

3）以平针缝前进，针目约0.5～0.7厘米；

4）完成缝制（拉紧缝线可以收缩开口）。

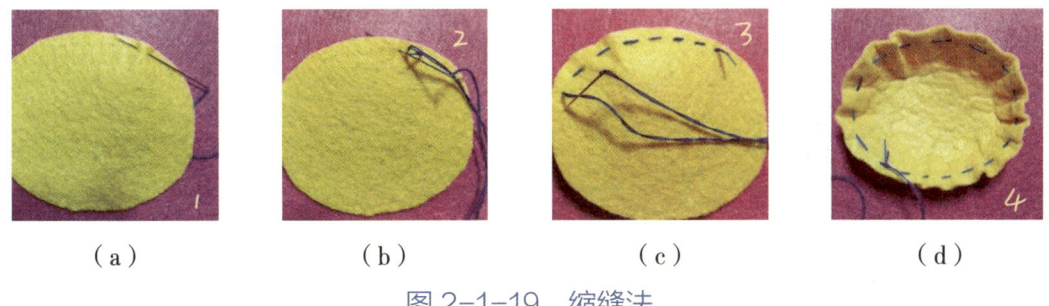

图 2-1-19　缩缝法

（7）贴布缝法：用于将 B 布缝在 A 布上或滚边条的缝合（在使用贴布缝时，一般用和 B 布相同颜色的线进行缝合）。如图 2-1-20 所示。

1）由 A 布背面出针；

2）在 B 布边缘的对应点入针；

3）向前约 0.3 厘米从 B 布出针，紧贴 A 布边缘；

4）在 B 布对应点入针；

5）重复动作 2）至动作 4）。完成后的线迹如图 2-1-20（e）所示。

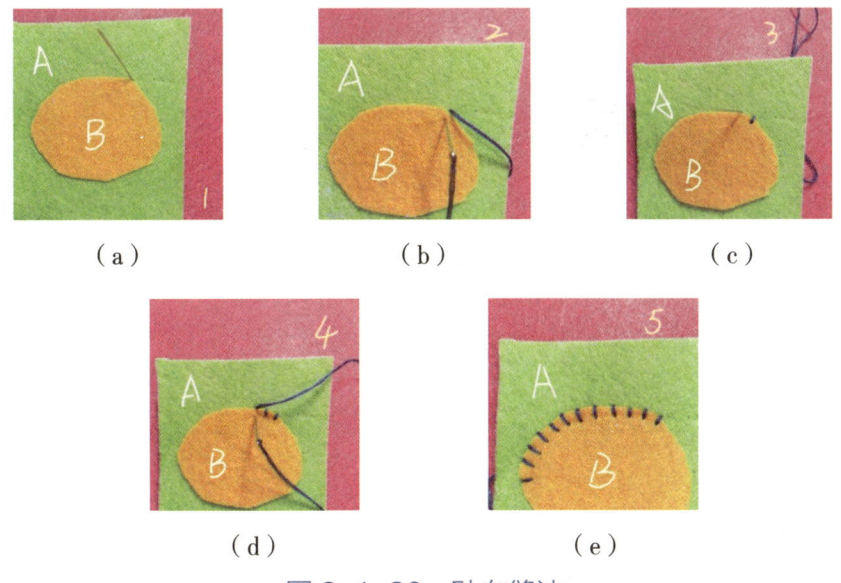

图 2-1-20　贴布缝法

3. 塞：将太空棉（棉花）均匀地塞进所制作的布造型中，让布造型更饱满、更形象。如图 2-1-21 所示。

4. 粘贴

（1）在平面布造型中，用乳胶或溶胶将剪好的布造型粘贴在指定的位置。

（2）在立体布造型中，用溶胶将配饰粘贴在指定位置或一些封口处等进行粘合。

（a） （b）

图 2-1-21 塞

5. 绣：一般常用直针绣（图 2-1-22）、轮廓绣、缎面绣。

6. 拼：将剪好的布拼在指定位置上，用针线或溶胶固定造型；或将布的边角料用针线进行拼贴缝合后再造型。如图 2-1-23 所示。

图 2-1-22 直针绣　　　　　　　图 2-1-23 拼

任务实施

活动设计：认识布造型基本语言

一、活动形式

以小组为单位，将所有学生分成 6 组。

分小组学习，一方面，组内学生之间既可以互相督促、互相比拼，又可以互相交流、互相学习；另一方面，树立个人服从团队、小点服从大局等观念，提高沟通协作能力，增强多元合作意识。

二、活动内容

活动为布造型技法训练。

每个小组中各成员可根据自己的实际情况，尝试制作不同形式的布造型作业。

三、活动时间

40分钟。

四、活动目的

本任务是布造型艺术大类的理论与技法综合性学习，旨在让学生能说出布造型的一些基本技法理论和具体操作步骤，理解与操作布造型的具体技法，提升学生的认知水平和动手能力，为完成布造型各个项目任务奠定基础。

五、活动步骤

1.步骤一：小组布置基本技法学习任务。

每个小组推举一个小组长。

小组长组织小组成员讨论形式任务，根据自愿或者任务分配，每人完成2个不同的形式作业制作。

2.步骤二：组员完成各自的布造型技法制作。

结合布造型的技法理论，根据自己的最初构思，组员独立完成2个形式任务，作业提交给本小组组长。

小组长除完成自己的任务作业外，要随时掌握各个组员的作业进度，收齐本小组成员作业后组织小组成员进行简短讨论，交流制作心得和审美感受。

根据作业情况和小组交流情况，每个学习小组推举1～2名成员就自己的作品准备进行班级展示。

3.步骤三：按小组制作的技法作业进行展示说明。

 作业点评

任务名称	评价项目
布造型历史	初步掌握布造型艺术，让学生对布艺有更为形象的认识
布造型制作	能辨认与说出常用布艺的特性与实用工具
	有目的、有计划、有步骤地完成
	布造型制作技能
	成果展示效果
	布造型制作的经验归纳与总结

任务考评

一、单项选择题

1. 下列属于布造型的是（　　）。
   A. 水粉画　　　　　　　　B. 挂历撕贴画
   C. 袜子娃娃　　　　　　　D. 自然物粘贴画

2. 一万八千年前的旧石器时代，山顶洞人就已经使用（　　）缝缀兽皮。
   A. 树枝　　　B. 象牙　　　C. 骨针　　　D. 石头针

二、多项选择题

1. 下列属于传统布造型的有（　　）。
   A. 肚兜　　　B. 虎头鞋　　　C. 布老虎　　　D. 窗帘

2. 布造型的主要缝法有（　　）。
   A. 回针缝法　　　　　　　B. 平针缝法
   C. 锁边缝法　　　　　　　D. 包边缝法

三、简答题

1. 请列举出幼儿园教玩具制作及环境创设中的常用布类。
2. 请列举出制作布造型作品的工具有哪些。

任务拓展

[试一试]

"六一"儿童节快要到了，你能运用本次技法课训练所学到的知识与能力为幼儿园的小朋友制作一张布贴画吗？

【图片欣赏】

如图 2-1-24～图 2-1-27 所示，为一些布造型作品。

图 2-1-24　苏绣

图 2-1-25　风绣

图 2-1-26　欧绣

图 2-1-27　公主裙

任务二　不织布造型

任务目标

【知识目标】

1. 能说出缝贴不织布造型的工具材料。
2. 能说出缝贴不织布造型的制作方法及步骤。
3. 能记住缝贴不织布造型的基本针法。

【技能目标】

1. 能再现缝贴不织布造型的制作过程。
2. 能运用不织布的独特质感和性能设计不同的不织布造型。
3. 能灵活运用基本技法制作不同的不织布造型。
4. 能创新不织布造型的制作方法。

【职业素养目标】

1. 养成对不织布造型加工、升华的创新意识。
2. 具有团队合作和大局意识。
3. 培养审美观念以及对生活的热爱；
4. 养成耐心、细致的习惯，增强安全、环保意识。

8. 小飞机风铃

任务导入

在幼儿园大二班，小杨老师准备给孩子们表演绘本故事《月亮的味道》，这里需要对和绘本故事相关的指尖玩偶进行演绎。可是，小朋友们不知道指尖玩偶该如何制作。如果你是小杨老师，该如何带领孩子制作可爱的指尖玩偶，并同孩子一同表演绘本故事《月亮的味道》？

任务描述

不织布手工制作常常被幼儿园教师用于各种游戏活动及区域布置中，不织布手工制作的教玩具颜色鲜艳、形象生动可爱，幼儿园的小朋友都非常喜欢。要具有不织布造型制作能力，就必须先了解不织布的基本知识，了解不织布手工制作的基本针法，了解并掌握不织布手工制作方法及步骤等，这样才能完成不织布造型。

必备的知识

在布的立体造型中，主要以各种各样的布玩具为主。而布玩具又是幼儿喜欢的玩具之一。在幼儿园的立体布造型中，多采用不织布进行制作。因为不织布玩具不仅制作简单，而且成品非常可爱，深受孩子们的喜欢。我们可以用不织布做挂饰、包包、玩具玩偶、装饰花、钥匙扣等，这些都是很棒的选择。

不织布又称无纺布，不织布没有经纬线，剪裁和缝纫都非常方便，而且质轻、容易定型，因为它是一种不需要纺纱织布而形成的织物，只是将纺织短纤维或者长丝进行定向或随机排列，形成纤网结构，然后采用机械、热粘或化学等方法加固而成。无纺布制品色彩丰富、鲜艳明丽、时尚环保、用途广泛、美观大方，图案和款式都多样，且质轻、环保、可循环再用，被国际公认为保护地球生态的环保产品。

不织布具有安全环保、无毒无刺激、色彩丰富等特性，使得它在幼儿园教学活动中的使用频繁而广泛。它被运用到幼儿园的教玩具制作、环境创设、亲子活动中，让孩子们感受到布带给他们"布"一样的精彩！如图 2-2-1～图 2-2-8 所示，为一些应用于幼儿园教学工作的不织布造型教玩具。

图 2-2-1　寿司

图 2-2-2　棒棒糖

图 2-2-3　好吃的棒棒糖

图 2-2-4　小马挂件

图 2-2-5　好吃的食物

图 2-2-6　壁挂相框

图 2-2-7　小挎包

图 2-2-8　美丽的小雏菊

一、不织布造型的材料与工具

材料：各种颜色的不织布（图 2-2-9）。

工具：尖头剪刀、各色线、小针、溶胶、纸笔、配饰、太空棉（棉花）、定位针等（图 2-2-10）。

图 2-2-9　不织布

图 2-2-10　工具

二、不织布造型制作的基本针法及贴法

1. 平针（缝）法：最简单、最基础的一种针法，针脚距离可疏可密也可变换方向，一般用于手、脚、耳朵的缝制，缝制时需要翻到背面缝好后再翻回正面。如图 2-2-11 所示。

2. 回针（缝）法：用于补强平针缝法的不牢靠之处或缝制较厚的布。如图 2-2-12 所示。

3. 贴边缝（卷缝）法：用于布与布的拼合，功能同毛边绣。如图 2-2-13 所示。

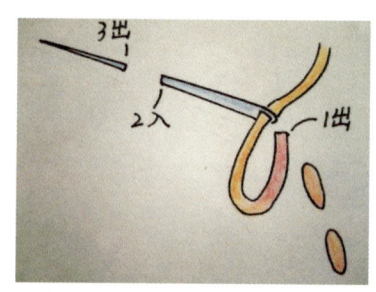
图 2-2-11　平针缝法

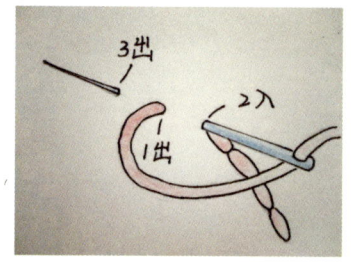
图 2-2-12　回针缝法

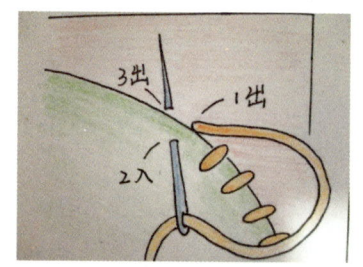
图 2-2-13　贴边缝（卷缝）法

4. 锁边（缝）法：这种方法一般用来缝制织物的毛边，以防织物毛边散开。如图 2-2-14 所示。

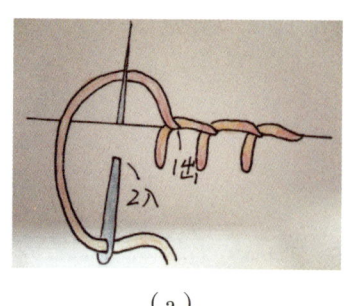
（a）

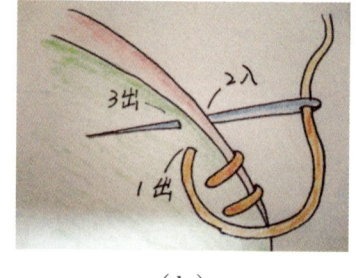
（b）

图 2-2-14　锁边缝法

5. 粘贴法：将热熔胶枪中融化的胶滴在指定的地方，进行粘合。如图 2-2-15 所示。

三、不织布指尖玩偶大象的制作示范

1. 设计：用铅笔在纸上画好要制作的玩偶的外形。如图 2-2-16 所示。

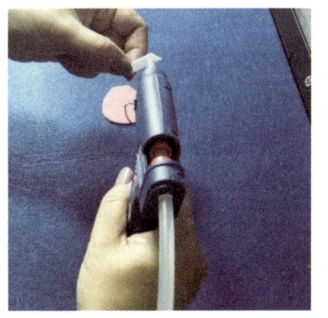 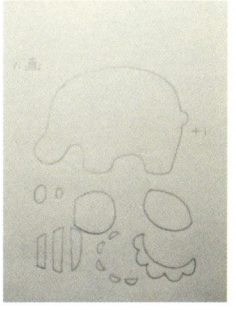

图 2-2-15　粘贴法　　　　　　图 2-2-16　设计

2. 将画好的纸用定位针固定在不织布上并剪出形状（图 2-2-17）。

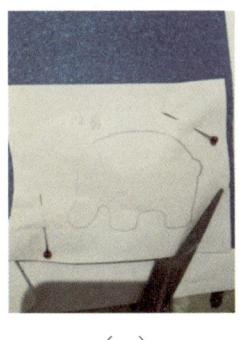 

（a）　　　　　　　　　　　（b）

图 2-2-17　固定并剪贴

3. 将白色条纹用锁边缝法缝到粉色的耳朵布片上，再将黑色的花纹和眼珠分别用锁边缝法缝在白色的眼珠和白色花纹上（也可以直接用溶胶将白色条纹和黑色花纹粘贴在指定位置上）。如图 2-2-18 所示。

 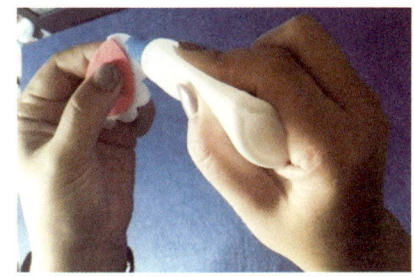

图 2-2-18　缝制（粘贴）

4. 然后将玩偶大象的耳朵和花纹分别用锁边缝法缝到如图 2-2-19 所示的相应的位置上，耳朵用粉色线，花纹用白色线。

图 2-2-19　缝好耳朵和花纹

5. 将玩偶大象的眼睛用锁边缝法缝到如图 2-2-20 所示的相应的位置上，白色的线缝位置如图 2-2-20（b）所示。

（a）　　　　　　　　　　（b）

图 2-2-20　缝好眼睛

6. 剪一块长 5 厘米、宽 4 厘米的和玩偶大象同色的不织布，将这块布横着用回针缝法在如图 2-2-21 所示的位置缝好。

（a）　　　　　　　　　　（b）

图 2-2-21　用回针缝法缝制玩偶象

7. 将玩偶大象的正面和背面用包边缝法进行缝合（图2-2-22），但必须留个3～5厘米左右的口子（图2-2-23）。

图2-2-22　将玩偶大象的正面和背面缝合　　　图2-2-23　预留一个3～5厘米的口子

8. 将棉花从开口处均匀地放进去（图2-2-24），然后继续用包边缝法将开口处缝合（图2-2-25）。

图2-2-24　放入棉花　　　图2-2-25　缝合开口处

同学们，我们可爱的指尖玩偶大象就制作完成了。看，戴在手上是不是很可爱啊？它还可以表演呢：大家好，我叫小蓝，很高兴见到你们。如图2-2-26和图2-2-27所示。

图2-2-26　指尖玩偶大象　　　图2-2-27　指尖玩偶表演

不织布指尖玩偶的制作步骤，总体可以归纳为：①设计；②剪；③缝与贴；④塞；⑤整理。其中，除①、②、⑤步，其他③、④两步是可以进行灵活换位的。

 **任务实施**

活动设计：爱表演的玩偶

一、活动形式

分小组形式，完成不织布玩偶的制作。

二、活动时间

40分钟。

三、活动目的

通过本任务学习使学生能将玩偶制作方法灵活运用；同时提升学生的动手能力、创作能力。

四、活动步骤

步骤一：小组设计不织布玩偶制作流程。

步骤二：根据制作流程共同完成不织布玩偶的制作。

步骤三：小组将制作的不织布玩偶进行展示。

步骤四：分小组形式利用所制作的不织布玩偶进行故事表演。

步骤五：归纳总结经验。

 作业点评

任务名称	评价项目
爱表演的玩偶	有目的、有计划、有步骤地完成
	创造性、独立、自我承担地解决问题
	不织布玩偶制作技法
	成果展示效果
	玩偶制作的经验归纳与总结

项目二 认识与制作布造型　087

□ 任务考评

一、选择题

1. 不织布的特点有（　　　）。

A. 安全环保　　　B. 坚硬　　　C. 自然　　　D. 制作

2. 用于补强平针缝法的不牢靠之处或缝制较厚的布的缝法是（　　　）。

A. 包缝法　　　B. 平针法　　　C. 回针法　　　D. 锁边法

二、简答题

1. 简述玩偶基本制作步骤。
2. 简述玩偶制作的基本技法。

 任务拓展

试一试：用不织布为生活操作区制作玩教具一组。

图片欣赏：如图2-2-28～图2-2-30所示，为一组不织布造型玩教具。

图 2-2-28　小黄衣　　　　图 2-2-29　比萨　　　　图 2-2-30　韩版小挎包

任务三　袜子造型

任务目标

【知识目标】

1. 能说出袜子造型常用的工具材料。
2. 能说出袜子造型的制作方法与步骤。
3. 能分析不同种类袜子造型作品的制作方法。

9. 袜子娃娃

【技能目标】

1. 能运用袜子材料的独特质感和性能设计不同的袜子造型。
2. 能操作团、包、塞、剪贴等方法和基本针法，增强动手实践能力。
3. 能进行创新设计与制作新的袜子造型。

 手工实用教程

【职业素养目标】

1. 能养成对袜子造型进行加工、升华的创新意识。
2. 能树立团队合作意识、自我评价与反思意识。
3. 能养成环保习惯,增强环保意识。

 任务导入

《小兔乖乖》是一个家喻户晓的儿童故事,幼儿园小班的丽丽老师准备在语言课上讲这个故事,目的是让幼儿熟悉故事内容、了解故事情节、喜欢参与表演,并且较熟悉掌握故事中的对话。如果你是丽丽老师,你会怎么完成这堂课?

 任务描述

学前教育专业越来越重视幼儿园教育活动和创设主题环境,其中会用到很多手工作品,袜子造型是常用手工作品之一,也很受幼儿的喜爱,不仅可以做伴随幼儿成长的伙伴,还可以做教师组织教学的教具、幼儿的操作材料,甚至可以做活动室环境布置的饰品。制作袜子造型必须了解制作材料和工具,知道常用的基本针法和制作步骤。所以,通过完成此任务,应能运用袜子材料的独特质感和性能设计不同的袜子造型;能操作团、包、塞、剪贴等方法和基本针法,增强动手实践能力;能进行创新设计与制作新的袜子造型。

 必备的知识

袜子造型是以袜子为面料,以太空棉做填充物,用纽扣或者小珠子做眼睛和鼻子,手工制作的人偶或者动物形状的玩偶。由于袜子花纹和面料各有不同,加上制作者创意和手工的不同,所以袜子娃娃神态各异、惟妙惟肖,或甜美可爱、或调皮搞怪等。袜子造型制作方法相对简单,取材比较方便,所以成为近几年来非常流行的 DIY 礼品。通常,袜子娃娃做好后自己珍藏会非常有成就感,作为礼品送给朋友也很有亲切感。

一、袜子造型制作材料与工具

① 袜子:各种样式的袜子。
② 缝制材料:制作玩偶所需的不同颜色的线以及缝纫针。
③ 娃娃装饰物:纽扣、丝带等。

④ 填充物：太空棉。
⑤ 裁剪工具：剪刀。

具体的制作材料与工具如图 2-3-1 所示。

二、缝制袜子玩偶的基本针法

1. 平针法：最简单、最基础的一种针法，针脚距离可疏可密也可变换方向，一般用于玩偶的手、脚、耳朵的缝制，缝制时需要翻到背面缝好后再翻回正面（图 2-3-2）。

图 2-3-1　袜子造型制作材料与工具

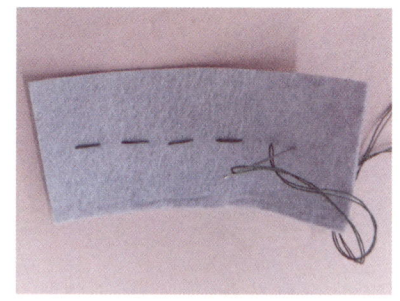

图 2-3-2　平针法

2. 藏针法：这是很实用的一种针法，能够隐匿线迹，常用于不易在反面缝合的区域。在缝制玩偶的头与耳朵、头与身体、身体与四肢等连接部位时，可以将线藏起来，这样显得比较精致、美观（图 2-3-3）。

3. 轮廓线缝：此方法一般用来做玩偶的嘴巴、胡须、眼睛（图 2-3-4）。

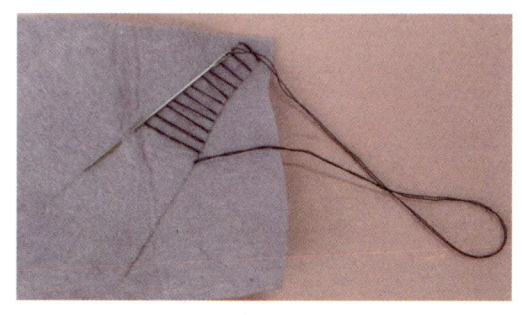

图 2-3-3　藏针法

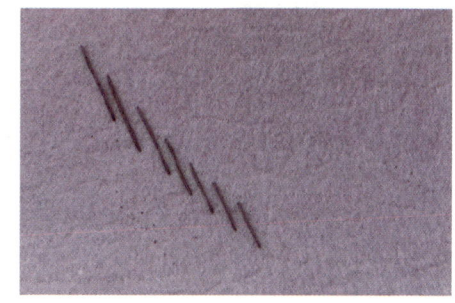

图 2-3-4　轮廓线缝

4. 缩口法：用于缝制玩偶头、躯干、四肢的缩口（图 2-3-5）。

三、袜子造型制作示范

1. 画：在袜子上画出所要制作的玩偶的轮廓。
2. 剪：根据画出的轮廓线裁剪袜子。

3. 缝：用针缝合裁剪的各个部分。

4. 塞：塞进适量的填充物太空棉。

5. 组合：把玩偶的各部分组合起来。

6. 装饰：根据需要用纽扣、丝带等做袜子玩偶的装饰品。

将一只条纹袜子和一只白袜子取出来，分别翻到反面，并在上面画出各个部位。

白袜子从上到下依次是头、身体和腿（图 2-3-6 中左部分）；

条纹袜子从上到下依次是手、耳朵、帽子（图 2-3-6 中右部分）。

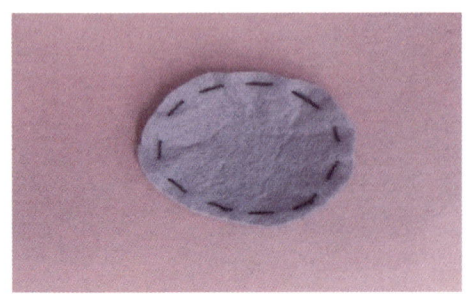

图 2-3-5　缩口法

图 2-3-6　画出各个部位

如图 2-3-7 ～图 2-3-23 所示，为《小兔乖乖》中小兔子袜子玩偶的详细制作步骤。

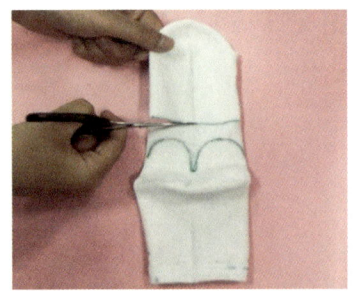

图 2-3-7　沿画线部分剪开

图 2-3-8　将各部分尖角修剪成圆弧

图 2-3-9　用回针法或平针法缝合

图 2-3-10　留出底部开口处，其他开口缝合

图 2-3-11 将缝好后的袜子翻回正面

图 2-3-12 头、身体、耳朵、手臂等部位中塞入适量的太空棉

图 2-3-13 用缩口法将头、身体等部位的开口处缝合

图 2-3-14 把线用力拉紧,线外多余的袜子往里面收

图 2-3-15 缝好后的各部位

图 2-3-16 把帽子套到兔子头上

(a)

(b)

图 2-3-17 用藏针法把身体和头部缝合起来

（a） （b）

图 2-3-18　取出另一只袜子，在袜子的脚尖部分剪一个小口，做衣服

（a） （b）

图 2-3-19　用藏针法缝合手臂，缝合时两手臂要对齐

（a） （b）

图 2-3-20　用藏针法缝合耳朵时两耳要对齐

（a） （b） （c）

图 2-3-21　找到合适的位置缝好兔子的眼睛，让兔子娃娃看起可爱些；
　　　　　可以用回针法缝一些眼睫毛

（a） （b） （c）

图 2-3-22　用黑色珠子做兔子的鼻子，用回针法缝好兔子的嘴巴

图 2-3-23　制作完成的完整袜子玩偶作品

任务实施

活动设计：袜子玩偶的制作

一、活动形式

将学生分成 6 组完成作品制作。分小组制作，可以培养学生之间的团队协作精神。

二、活动内容

分工缝制袜子玩偶。

各小组根据自己设计的造型进行分工缝制（头、躯干、四肢、装饰）。

三、活动时间

两节课 80 分钟。

四、活动目的

首先，进一步加深学生对制作袜子玩偶的了解，提高学生动手能力、合作能力，让学生学会利用袜子制作更多的手工作品。

其次，学会举一反三，发挥学生创作能力，制作不同的袜子玩偶，既可以制作单个的玩偶，也可以制作一组完整的作品。

五、活动步骤

步骤一：各小组分别写出袜子玩偶的制作步骤。

每个小组选一名负责人，组织小组成员讨论设计袜子玩偶造型。

 手工实用教程

步骤二：根据步骤，组员分工制作。

根据组员共同设计的造型，组员独立完成自己的缝制部分并交给小组长。小组长除完成自己缝制部分以外，还要把组员缝制的玩偶各部分（头、躯干、四肢、装饰）完整地组合起来。小组长组织好展示作品的创意说明，完成集中展示前的准备工作。

步骤三：师生共同欣赏小组作品。

由各小组推荐的同学到讲台上进行展示说明，全班一起交流，共同欣赏、评价作品，教师引导学生从以下几方面进行交流说明：

① 简述制作过程中运用的技法和自己的感受；

② 简述作品造型的审美特征；

③ 简述作品的用途。

 作业点评

任务名称	评价项目
缝制袜子玩偶	有目的、有计划、有步骤地完成
	创造性、独立、自我承担地解决问题
	袜子玩偶制作技法
	成果展示效果
	袜子玩偶制作的经验归纳与总结

任务考评

一、选择题

1. 袜子造型所需的主要材料有（　　）。
A. 毛巾　　　　B. 不织布　　C. 彩纸　　　　D. 袜子

2. 一般用来做嘴巴、胡须、眼睛的针法是（　　）。
A. 藏针法　　　　　　　　　B. 贴边缝针法
C. 轮廓针法　　　　　　　　D. 缩缝针法

二、简答题

1. 简述袜子玩偶制作步骤。

2. 简述袜子玩偶制作所需材料。

 任务拓展

一方面，举一反三地制作关于袜子造型的更多的手工作品。想一想，袜子除了做娃娃还能够做些什么作品？另一方面，了解作品的实用性。设想如果在幼儿园，孩子会怎样利用这些作品？这些作品会发挥哪些作用？

项目三

认识与制作泥造型

 项目概况

泥造型可塑性强、柔韧性好,制作泥造型最好的工具是双手,通过双手揉捏可以刺激学生的触觉、视觉,锻炼手部肌肉的灵活性,对学生的联想思维、创造思维具有积极的促进作用。本项目以泥造型中较为典型的超轻黏土、软陶、陶泥作品为载体,对学生进行泥材料造型能力的训练,使学生在制作泥造型作品后能够了解与掌握泥造型相关知识与技能。

任务一 认识泥造型

 任务目标

【知识目标】

1. 能说出泥造型的种类和工具材料。
2. 能列举泥造型的特点及造型规律。
3. 能说出不同材料的泥造型制作方法。

【技能目标】

1. 能运用泥造型的基本方法与技巧。
2. 能运用泥造型材料改造其他美术作品。

10. 泥的生命之旅

3. 能设计与制作泥材料作品。

【职业素养目标】

1. 能关注传统泥造型文化形式与时代特色，养成对泥造型材料加工、升华的创新意识。

2. 能具有团队合作和大局意识。

3. 能形成幼儿园环境设计中泥造型工艺技术素养，为适应今后幼儿园美术活动设计、教玩具制作与幼儿园环境布置的需要奠定基础。

4. 能培养兴趣和创造精神，提升审美能力以及对生活的热爱。

 任务导入

泥造型是一种具有较强视觉感的造型形式，是运用双手在工具的帮助下对可塑性很强的泥材料进行加工创造的手工活动。为了让学生感受千姿百态的泥造型的艺术形式，首先，我们要带学生了解泥造型的历史；其次，通过让学生初步去尝试玩泥，感受各种不同特质的泥，使他们充分感受到玩泥的乐趣，让学生在玩中学、学中玩。

 任务描述

本任务以培养学生了解泥塑历史、掌握泥塑基本造型和提高学生泥塑审美情趣为出发点，通过"先了解，再学习，到动手"这样的逐渐摸索学习的过程，告诉学生怎样体会泥文化和引导学生进行泥造型的初步尝试，掌握基本形体造型的泥塑语言，学习初步的空间造型方法。

 必备的知识

泥塑艺术是我国一种古老常见的民间艺术。它以泥土为原料，以手工捏制成形；或素或彩，以人物、动物为主。我国泥塑艺术可上溯到距今4千至1万年前的新石器时期。史前文化的地下考古就有多处发现：浙江河姆渡文化遗址出土的陶猪、陶羊（距今约为6千至7千年前），河南新郑裴李岗文化遗址出土的古陶井及泥猪、泥羊头（距今约为7千年前），都可被确认是人类早期手工捏制的艺术品。

自新石器时代之后，中国泥塑艺术发展一直没有间断，发展到汉代已成为重要的艺术品种。考古工作者从两汉墓葬中发掘了大量的文物，其中有为数众多的陶俑、陶兽、陶马车、陶船等。两汉以后，随着道教的兴起和佛教的传

人，以及多神化的奉祀活动，社会上的道观、佛寺、庙堂兴起，直接促进了泥塑偶像的需求和泥塑艺术的发展。到了唐代，泥塑艺术达到了顶峰。

泥塑艺术发展到宋代，不但宗教题材的大型佛像的制作继续繁荣，小型泥塑玩具的制作也发展起来。有许多人专门从事泥人制作，并将泥人作为商品出售。北宋时都城东京（现河南省开封市）著名的泥玩具"磨喝乐"在每年的七月七日（阴历）前后出售，不仅平民百姓买回去"乞巧"，达官贵人也要在"七夕"前后买回去或供奉或玩耍。

元代之后，历经明、清、民国，泥塑艺术品在社会上仍然流传不衰，尤其是小型泥塑，既可供人们观赏陈设，又可让儿童玩耍。几乎全国各地都有生产，其中著名的产地有无锡惠山、天津、陕西凤翔、河北白沟、山东高密、河南浚县和淮阳以及北京。

玩泥巴是最自由的游戏，对于学生来说，它有很多优点。一团团泥巴在学生手中变换着，是创作也是游戏，他们将心中美好的事物通过双手的创造，以三维的形式表现出来，让思维产生兴趣和冲动，在兴趣和冲动中得到收获。这便是让学生进行泥塑创作的意义所在！当下泥塑制作的材料越来越丰富，陶泥、软陶、超轻黏土等材料方便易得，操作简单，质感也不错，让我们一起来学习一下吧！

如图 3-1-1 ～图 3-1-5 所示，为一组泥塑作品。

图 3-1-1 佛像

图 3-1-2 古代人物

图 3-1-3 古代人像

图 3-1-4 近代泥塑

图 3-1-5 场景

一、泥造型的材料与工具

1. 陶泥。是一种制作陶器用的黏土,指含有铁质,呈现灰白色、黄褐色、红紫色等样色,具有良好可塑性的黏土。如图 3-1-6 所示,为陶泥及其造型所需工具。

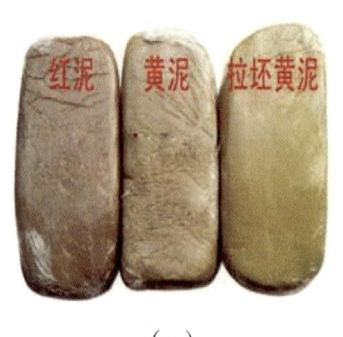

（a）

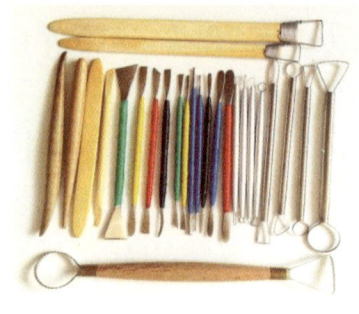

（b）

图 3-1-6　陶泥及工具

2. 软陶。又叫塑泥,源于欧洲。软陶并不是陶土类,而是一种 PVC 人工低温聚合材料,从外形看像橡皮泥,但烘烤之后性质类似塑料,具有非常生动的造型能力,是专业雕塑材料之一。如图 3-1-7 所示,为软陶及其制作工具。

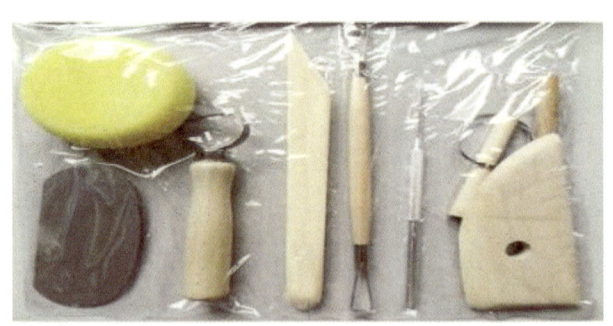

图 3-1-7　软陶及工具

3. 超轻黏土。是纸黏土里的一种,简称超轻土,捏塑起来更容易、更舒适,更适合造型,且作品的形象都很可爱;超轻黏土在日本比较盛行,是一种兴起于日本的环保、无毒、自然风干的新型手工造型材料,这些材料在学生们的学习使用中非常受欢迎。其特点是材料造型简便,柔韧性好,表现手法相近,表现内容也相通。如图 3-1-8 所示,为超轻黏土及其制作工具。

其他辅助工具还包括泥工刀、剪刀、辊子、塑料垫板、白乳胶、牙签、铁丝或铜丝。

（a）

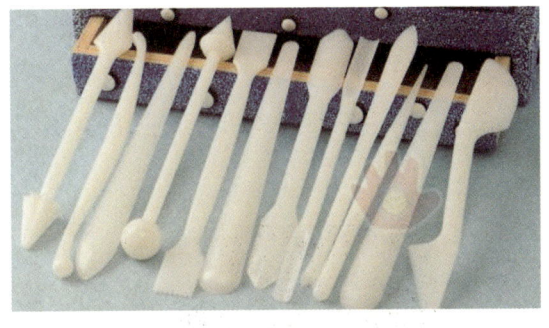
（b）

图 3-1-8　超轻黏土及工具

二、泥造型常用的技法与样式

1. 揉。将泥放在手心中间，双手相对进行旋转，用力均匀，用力不要太大，轻轻一揉就会呈现出不同的造型，如球、条。如图 3-1-9 所示。

2. 捏。双手拇指和食指相配合，用力压捏已成球形的黏土，挤压成正方形。如图 3-1-10 所示。

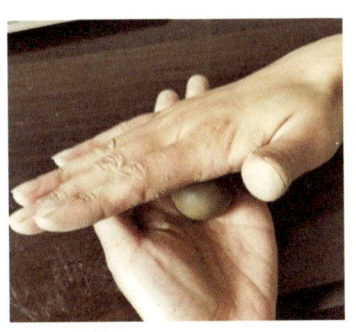

图 3-1-9　揉

图 3-1-10　捏

3. 搓。将黏土放在双手心中，两手前后运动或一只手在桌面上压擀黏土来回运动。如图 3-1-11 所示。

4. 压。用手掌或压石，将黏土压成薄薄的饼片状。如图 3-1-12 所示。

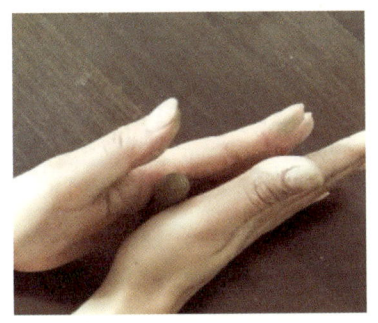

图 3-1-11　搓

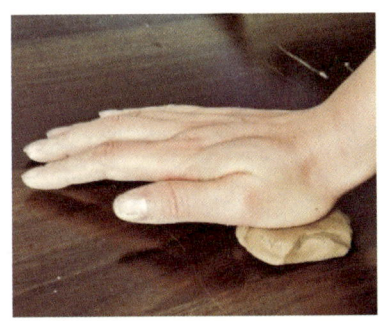

图 3-1-12　压

5. 贴。将做好的泥造型贴在另一块泥上，使作品具有层次感，细节丰富。如图 3-1-13 所示。

6. 点。用牙签或鼻尖，或其他工具在作品上做出点的形状，装饰感更好。如图 3-1-14 所示。

图 3-1-13　贴

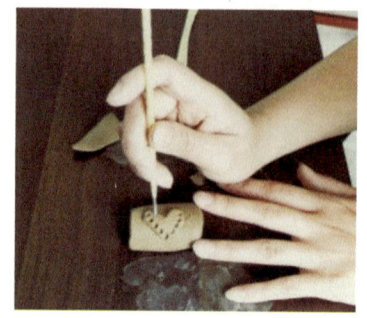

图 3-1-14　点

7. 切。用工具刀，将黏土切出所要的形状、长短。如图 3-1-15 所示。

三、泥造型的基本造型

1. 球状。把泥放在掌心，两只手相对，按着泥来回推就做出了球状。如图 3-1-16 所示。

图 3-1-15　切

图 3-1-16　球状

2. 椭圆状。把球状的泥放在桌子上，用手按着推一下，就是椭圆状了。如图 3-1-17 所示。

3. 水滴状。把球状的泥放在桌面上，用手压着一头一推，使一头变尖就是水滴状了。如图 3-1-18 所示。

4. 橄榄状。把水滴状的泥的另一头压尖就成为橄榄状。如图 3-1-19 所示。

5. 三角体。把水滴状的泥用手按出 3 个角就成为三角体。如图 3-1-20 所示。

项目三　认识与制作泥造型　　101

图 3-1-17　椭圆状

图 3-1-18　水滴状

图 3-1-19　橄榄状

图 3-1-20　三角体

6. 四面体。把球状的泥按出 6 个面就为四面体。如图 3-1-21 所示。

7. 圆柱体。把椭圆上下做平就成为圆柱体。如图 3-1-22 所示。

8. 麻花状。把长条对折拧一下就成为麻花状。如图 3-1-23 所示。

图 3-1-21　四面体

图 3-1-22　圆柱体

图 3-1-23　麻花状

任务实施

活动设计：泥造型技法训练

一、活动形式

以个人的形式聊一聊泥造型艺术及常用技法，并亲自动手练习。

二、活动时间

40 分钟。

三、活动目的

初步掌握泥造型艺术，让学生对泥造型艺术有更为形象的认识。能辨认与说出超轻黏土、软陶、陶泥的特性及其相应的实用工具。能制作基本形体造型，能引导学生进行泥造型的初步尝试，学习初步的空间造型方法。

四、活动步骤

步骤一：学生欣赏感知泥造型图片和作品，边欣赏边回答问题；大胆发表自己的感受，总结泥造型的艺术特点和技法。

步骤二：交流之后，大家肯定想动手做一做了。那么，我们来动动手吧。

步骤三：下面进行揉捏搓压比赛，看谁做得漂亮而且动作快。鼓励学生大胆做，勇于创造，独立完成。

步骤四：在实施过程中，教师应及时给予指导与帮助。

步骤五：成果展示，总结评价。

根据评价标准，教师与学生共同对成果、学习过程、完成方式、获得的经验进行评价和总结。

步骤六：进行制作经验的归纳、总结，形成自己扎实的泥造型制作技能。

作业点评

任务名称	评价项目
泥造型历史	初步掌握泥造型艺术，让学生对泥造型艺术有更为形象的认识
泥造型制作	能辨认与说出超轻黏土、软陶、陶泥的特性与实用工具
	有目的、有计划、有步骤地完成
	泥造型制作技能
	成果展示效果
	泥造型制作的经验归纳与总结

任务考评

一、填空题

1.（　　）以后，随着道教的兴起和佛教的传入，以及多神化的奉祀活动，社会上的道观、佛寺、庙堂兴起，直接促进了泥塑偶像的需求和泥塑艺术的发展。

2.泥塑的基本技法有（　　）、（　　）、（　　）、（　　）、（　　）等。

二、简答题

1.辨认并说出超轻黏土、软陶、陶泥的特性与实用工具。

2.说说泥造型艺术给你的感觉。

任务拓展

[做一做] 了解了泥造型的基本造型方法，你能运用本次技法课训练所习得的知识与能力，自己尝试性地做一做黏土或陶泥作品吗？主题不限。

任务二　运用黏土造型

 任务目标

【知识目标】

1. 说出黏土的艺术表现形态及超轻黏土属性特征。
2. 分析黏土作品制作手法、制作流程。

【技能目标】

11. 黏土小蜜蜂

1. 运用黏土的基本技法进行黏土浮雕造型。
2. 使用工具及各种材料进行黏土造型。
3. 把黏土浮雕造型的经验积累应用于黏土圆雕造型。

【职业素养目标】

1. 与人主动交流、合作分享，实践创新。
2. 形成主动收集、分析、整理信息的能力。
3. 建立幼儿园环境设计中黏土造型工艺素养，为适应今后幼儿园美术活动设计、教玩具制作与幼儿园环境布置的需要奠定基础。

 **任务导入**

幼儿们乐于欣赏泥造型作品，愿意用捏泥的方式表达自己的所见所想。超轻黏土作为泥造型材料中的一员，不仅安全卫生、可塑性强、色彩丰富、制作简单，且成型迅速、保存简易，还可用颜料在其表面绘画，因此很多幼教老师也把超轻黏土带进了幼儿园。幼儿园组织的黏土活动深受幼儿喜爱，捏一捏、搓一搓、压一压，不仅锻炼幼儿手指的灵活性，还培养幼儿观察能力和造型能力，培养幼儿美的心灵。

 任务描述

作为幼儿园"陶泥吧"的老师，你准备如何带领小朋友玩黏土呢？你是否知道黏土的艺术表现形态、属性特征、工具使用、颜色调和、基本手法、制作流程等必备知识呢？

本期任务就是通过运用黏土造型，熟悉黏土的艺术表现形态、属性特征，掌握工具使用、颜色调和、基本手法、制作流程等技能。

必备的知识

一、黏土的艺术表现形态

按照艺术形式可将黏土制作分为浮雕与黏土圆雕两种类型。

1. 浮雕。指的是在平面上刻画出凹凸起伏形象的平面雕塑，黏土浮雕用材简便，容易制作，可以做出凹凸感很强的立体画，是集知识性、趣味性和装饰性于一体的教学题材。

2. 黏土圆雕。指的是非压缩且可以多方位、多角度欣赏的三维立体泥雕塑。它需要观赏者从360°全方位进行观看。按照制作造型的数量划分，可以分为单个泥圆雕和系列泥圆雕。制作同一题材的泥圆雕更有利于制作者对自身造型能力的把握（图3-2-1）。

图3-2-1 可爱的黏土造型

二、超轻黏土的属性特征

超轻黏土，又叫超轻土，由纸浆和黏合剂混合制作而成。超轻黏土具有如下一些特点：

① 安全无毒，手感柔和，颜色多种，混色容易；

② 成型后可用颜料在黏土上绘画，能与其他材料共同创造作品，塑性高；

③ 自然风干、保存简易，作品完成后可以保存4～5年不变质、不发霉。

注意事项：定型后的超轻黏土忌水、不可再雕塑、不可用力挤压。

三、工具的使用

1. 简易工具。如图 3-2-2 所示。

① 花边工具：用来做装饰花边。

② 尖头工具：用来扎孔，制作嘴巴、鼻孔、耳朵等。

③ 弧线工具：主要用于制作嘴巴。

④ 丸棒工具：主要用于嘴巴、眼睛等下凹形状的制作。

⑤ 弯刀工具：主要用于切、割、压以及刻画纹理等。

⑥ 小尖刀工具：用于切、压细小的部分。

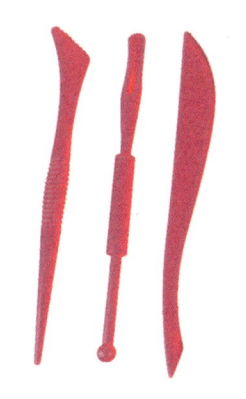

图 3-2-2　简易工具

2. 细节针。用于做纹理刻画；手不能碰到的缝隙地方，使用细节针非常方便（图 3-2-3）。

3. 七本针。用于做特殊质感的肌理，如草地、花蕊、毛发等（图 3-2-4）。

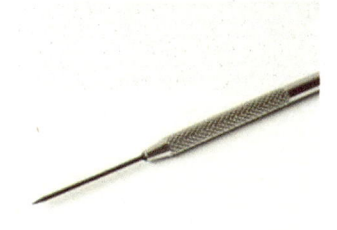

图 3-2-3　细节针

图 3-2-4　七本针

4. 铝丝。用于两端的连接，如身体与四肢、树干与树枝等（图 3-2-5）。

5. 牙签。可用于实现身体的连接，也可用它做草地、头发等特殊肌理效果（图 3-2-6）。

图 3-2-5　铝丝

图 3-2-6　牙签

6. 剪刀。用于剪切大块黏土（图 3-2-7）。

7. 保鲜膜。用于保存未使用完的超轻黏土，以防风干（图 3-2-8）。

图 3-2-7　剪刀　　　　　　　　图 3-2-8　保鲜膜

8. 手工白胶。用于黏土的粘接（图 3-2-9）。

9. 压泥棒。擀压黏土，使之成为片饼状（图 3-2-10）。

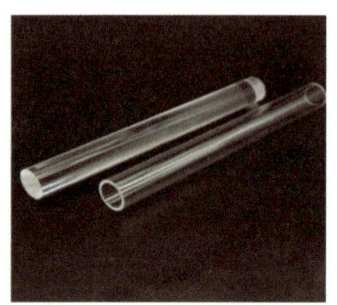

图 3-2-9　手工白胶　　　　　　图 3-2-10　压泥棒

10. 切割垫板。保护桌面，不容易留刀痕，整洁干净（图 3-2-11）。

11. 彩色颜料。可在做好的作品表面用丙烯、水彩等颜料绘制各种图案（图 3-2-12）。

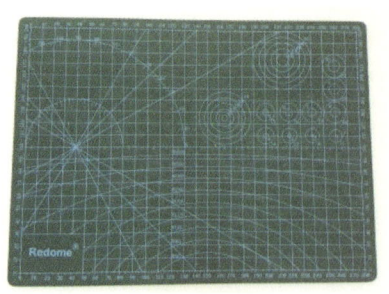

图 3-2-11　切割垫板　　　　　　图 3-2-12　彩色颜料

四、色彩的混合方法

两种以上不同颜色的黏土搭配到一起，即可调配出一种新的颜色。可根据具体需要自行调节黏土的搭配比例，调和出自己喜爱的彩色黏土（图 3-2-13、图 3-2-14）。（小提示：混色时颜色不宜过多，否则容易变灰。）

图 3-2-13　黏土三原色

图 3-2-14　黏土混色图

五、基本形状的制作

1. 圆球状。用手掌反复揉搓黏土成圆球状；大拇指与食指继续将其揉成小圆球状（图 3-2-15）。

2. 水滴状。揉好圆球状黏土后，两个手掌相合，呈"V"字形夹紧圆球一端反复揉搓即可；若想要小水滴形状，用大拇指与食指夹紧小圆球一端反复揉搓即可（图 3-2-16）。

图 3-2-15　圆球状

图 3-2-16　水滴状

3. 梭形。制作出水滴状黏土后，用同样方法在水滴状黏土的另一端反复揉搓，使两端的尖头趋于一致，由此形成梭形（图 3-2-17）。

4. 方形。揉好圆球状黏土后，用食指和大拇指上下、左右向内挤压，反复捏平正方形的 6 个面，直至挤压出方形（图 3-2-18）。

5. 片饼形。用压泥棒或手掌将圆球状黏土擀、压成薄片，并用剪刀或弯刀工具将多余的黏土去掉（图 3-2-19）。

图 3-2-17　梭形

图 3-2-18　方形

图 3-2-19　片饼形

6. 圆柱状。将黏土揉成圆球状后，再将双手合在一起，夹住圆球反复揉搓，再用食指和大拇指按平两端即形成圆柱状（图 3-2-20）。

7. 长条状。将黏土揉成圆球状后，用手掌将黏土在平整的桌面上反复揉搓，直至圆球逐渐展开即成为长条状黏土（图 3-2-21）。

图 3-2-20　圆柱状

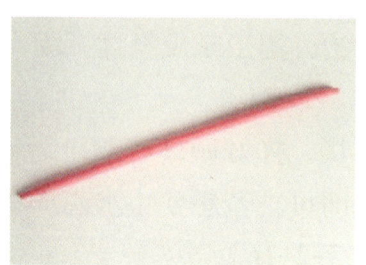

图 3-2-21　长条状

六、制作的基本手法

1. 揉。将黏土放在两只手心中间，双手相对旋转，用力均匀，用力不要太大（图 3-2-22）。

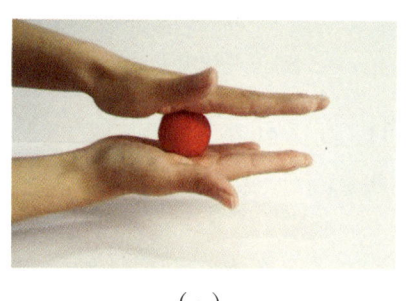

（a）

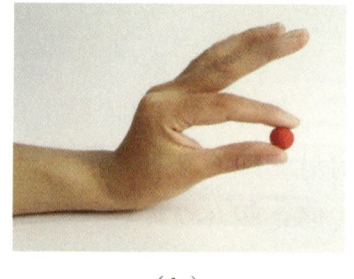

（b）

图 3-2-22　揉

2. 捏。双手拇指和食指相配合，用力压捏已成球形的黏土，挤压成方形（图 3-2-23）。

3. 搓。将黏土放在双手的手心中，两手前后运动或一只手在桌面上压擀黏土来回运动（图 3-2-24）。

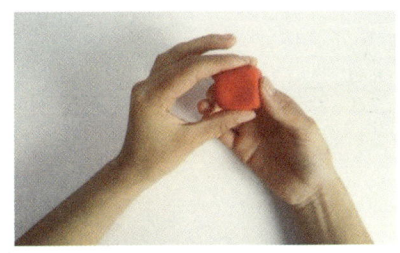
图 3-2-23 捏

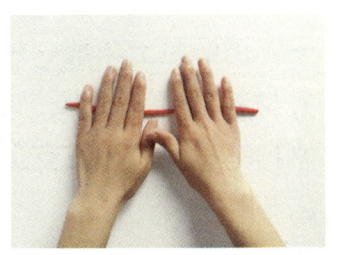
图 3-2-24 搓

4. 压。用压泥棒或手掌，将黏土压成薄薄的饼片状（图 3-2-25）。

5. 剪。将黏土用剪刀剪出所需形状（图 3-2-26）。

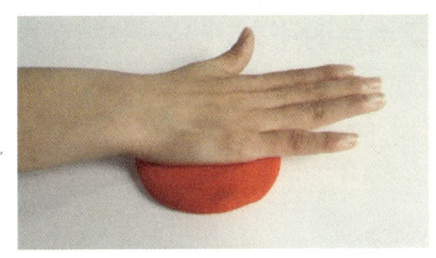
图 3-2-25 压

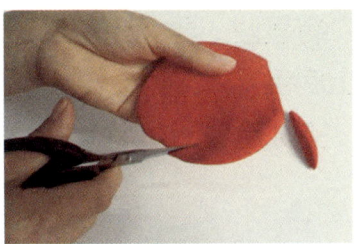
图 3-2-26 剪

6. 挑。用牙签或尖锐工具在黏土上挑出毛茸茸的效果，如动物、毛绒玩具、草地等的制作都是用此方法（图 3-2-27）。

7. 刻。用工具刀在黏土上划压出痕迹（图 3-2-28）。

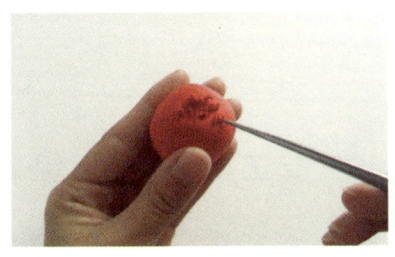
图 3-2-27 挑

图 3-2-28 刻

8. 切。用工具刀将黏土切出所要的形状、长短（图 3-2-29）。

9. 贴。用工具或手指，将黏土与黏土按压相贴合（图 3-2-30）。

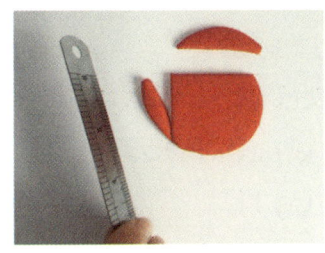
图 3-2-29 切

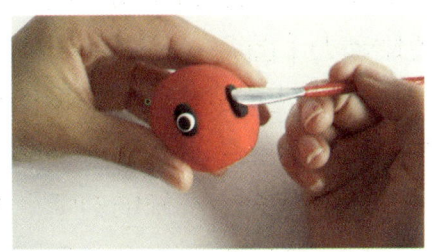
图 3-2-30 贴

专家支招

一、仿铜黏土浮雕——《古代门环》

1. 材料准备：纸板、红色超轻黏土、黑色超轻黏土、金色丙烯颜料、水粉笔、剪刀、三支工具。

2. 制作步骤

① 将油画板用红色的超轻黏土铺满；

② 用黑色的超轻黏土做古代门环［图3-2-31（a）］，注意用工具刻画细节；

③ 用金色丙烯颜料上色［图3-2-31（b）］。（小提示：塑形可以夸张、有趣些，要大胆想象、发挥创意。涂色时可以透出一些黑色的超轻黏土底色，效果更真实！）

完成后成品如图3-2-31（c）所示。

（a）　　　　　　　　（b）　　　　　　　　（c）

图3-2-31 《古代门环》（仿铜黏土浮雕）的制作过程

二、黏土浮雕——《星空》（梵高）

1. 材料准备：超轻黏土、废纸板、三支工具、剪刀、铅笔［图3-2-32（a）］。

2. 制作步骤

① 废旧硬纸板，裁剪出喜欢的尺寸大小［图3-2-32（b）］；

② 用铅笔描出画面内容的大概位置和外轮廓线［图3-2-32（c）］；

③ 用小刀或尖锐工具在纸板上划出痕迹，涂上手工白胶，增大超轻黏土附着力［图3-2-32（d）］；

④ 将黏土搓成长条形，根据画面内容开始制作大体轮廓（颜色深的地方可以将黏土进行混色），如图3-2-32（e）、（f）所示；

⑤ 用小线条进行修饰刻画［图3-2-32（g）］。

完成后成品如图3-2-32（h）所示。

图 3-2-32 《星空》（黏土浮雕）的制作过程

三、组合圆雕——《花丛中的小蜜蜂》

1. 材料准备：超轻黏土、废纸板、三支工具、剪刀、铝丝（牙签）。

2. 制作步骤

① 废旧硬纸板，裁剪出适合的尺寸大小 [图 3-2-33（a）]；

② 平铺绿色超轻黏土（略厚）做底座 [图 3-2-33（b）]；

③ 选择 3 种不同绿色的超轻黏土搓小水滴状压扁做叶子，用弯刀工具在叶子上刻画叶子的脉络，按照由深到浅的颜色排列进行粘贴 [图 3-2-33（c）]；

④ 确定花的主色调，将黏土搓成长条状后压扁，用手指从黏土的一端卷起到另一端即可，将其他颜色的超轻黏土揉成小圆球状做点缀；

⑤ 制作小蜜蜂：先揉出肉色圆球做头部，再制作帽子和五官；将黑色圆柱状黏土的一端拉出尾巴状做身体，搓橘色黏土长条做纹理和四肢（稍微放干）。将这几部分组合在一起，配上红围巾，可用弯刀进行简单的纹理刻画；揉橘色小球，用细铁丝连接做触须；最后将白色水滴状黏土压扁做翅膀，粘贴在小蜜蜂背后。为了防止小蜜蜂身体变形，可用铝丝或牙签将头部与身体连接。如图 3-2-33（d）~（f）所示。

最后，完成后的组合圆雕成品《花丛中的小蜜蜂》如图 3-2-33（g）所示。

图 3-2-33 《花丛中的小蜜蜂》（组合圆雕）的制作过程

 任务实施

活动设计：作为幼儿教师所教授的课程内容，必须符合幼儿身心发展。阅读绘本故事，发挥想象力，根据绘本内容制作适合幼儿学习或观赏的一幅浮雕作品，并能根据画面内容用流畅的语言讲出绘本或画面故事。

一、活动形式

小组合作，6 人一组，每位同学各自制作一幅浮雕作品，组员之间相互帮助学习。

二、活动时间

80 分钟。

三、活动目的

提升学生黏土浮雕制作能力，锻炼学生组织及表达能力，提升学生概括绘本故事、提取素材设计整合的创新能力。

四、活动步骤

（一）小组合作，确定主题

小组长组织小组成员讨论，小组成员通过网络、书籍等形式收集绘本资料，各自推荐适合的绘本后汇总，小组讨论并进行选择；确定主题后，思考画面内容、构图并准备材料、工具。

绘本推荐：各类儿童绘本以图画为主，深受幼儿喜爱，其内容贴近幼儿生活和认知水平，满足幼儿兴趣并能让小朋友养成阅读的好习惯。较有代表性的绘本包括《鳄鱼爱上长颈鹿》《天生一对》《蚂蚁和西瓜》《好饿的毛毛虫》《世界上最大的房子》《月亮的味道》等（图3-2-34）。

图 3-2-34　绘本推荐

（二）制作黏土浮雕造型——《长颈鹿小姐与鳄鱼先生》

步骤一：根据故事内容构思并绘制设计简图。

思考要做的造型，想好制作内容后查阅相关资料进行设计并且绘制图稿。小组成员间相互学习帮助，小组长时刻关注组员作业进度。

步骤二：分步制作。

初步造型：根据设计图稿，进行塑造并组合。

处理和修正细节：大致造型组合好后，细枝末节处须认真处理打磨，及时修正。（小提示：提前思考设计物体形象，做到心中有数，制作及时，避免黏土干燥后不易粘合。）具体的处理和修正动作如下。

第1步：用铅笔在纸板上画出轮廓线。

第2步：用刀子刻出纹理，增加纸板的摩擦力。

第3步：用乳白胶加水，刷满画面起到防潮作用。

第4步：铺底色，留出主体位置（背景做肌理处理）。

第5步：捏出主体，可适当刷水抹匀。

第6步：细节刻画。

图 3-2-35 《长颈鹿小姐与鳄鱼先生》(黏土浮雕)

第 7 步：整体调整。

如图 3-2-35 所示，即为黏土浮雕造型作品《长颈鹿小姐与鳄鱼先生》

（三）成果展示，赏析评价，经验总结

制作完成后，小组长组织组员进行讨论，交流制作心得，相互评价作品，提高自我表达能力和审美能力。

根据完成情况，请每小组推举一到两名代表到讲台上对其作品进行展示及说明，并根据画面内容用流畅的语言讲出绘本或画面故事。

在展示和说明过程中，教师可从以下几点进行引导：

① 选择主题的理由；

② 设计的思路；

③ 制作过程中遇到的棘手问题及解决的办法；

④ 简述制作的技法；

⑤ 实际制作过程中的自身感受与心得。

 作业点评

任务名称	评价项目
黏土作品制作	有目的、有计划、有步骤地完成
	创造性、独立、自我承担地解决问题
	制作技能
	成果展示效果
	制作的经验归纳与总结

 任务拓展

设计与制作一组有故事情景的黏土圆雕作品，要求将综合材料应用其中。

【任务分析】任务目的是为提升黏土造型技能，开发可利用废旧材料。实施环节一，寻找合适的废旧材料；实施环节二，构思与绘制草图与步骤分解；实施环节三，实施制作步骤。

技能提升

《开心小农场》（黏土圆雕组合造型）

第一步：选择纸板；在纸板上画出画面内容的大致位置，可用刀子刻出纹理，增加纸板的摩擦力，用乳白胶加水，刷满纸板起到防潮作用。

12. 开心小农场

第二步：将底色铺匀（记得要薄）。

池塘：将蓝色（多）和白色（少）超轻黏土混色，简单拉扯几次，不要将颜色全部混在一起，保持水流的感觉，铺匀即可。

第三步：制作单个圆雕。

以下即为单个黏土圆雕作品。

1. 小驴

《小驴》的完成作品及制作步骤如图 3-2-36、图 3-2-37 所示。

图 3-2-36 《小驴》

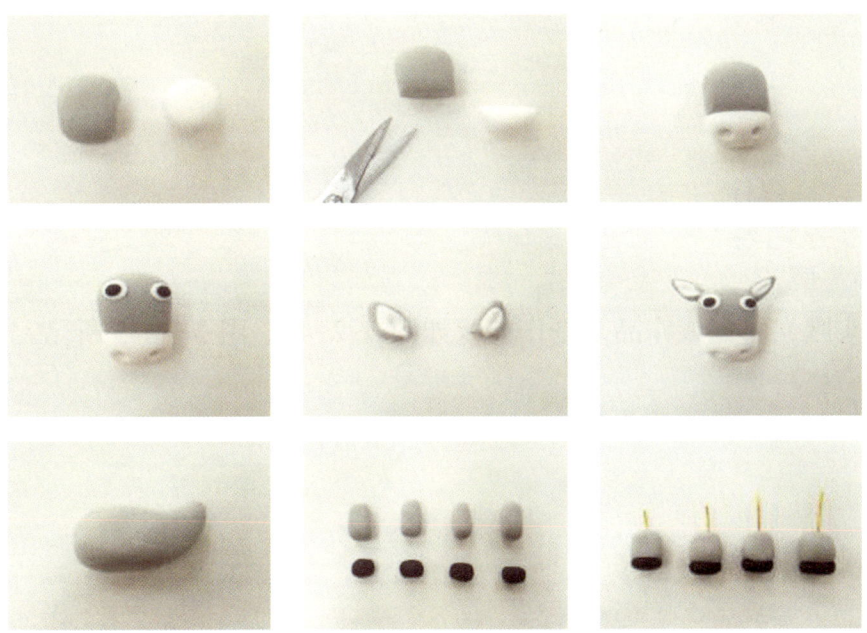

图 3-2-37 《小驴》制作步骤

2. 大白鹅

《大白鹅》的完成作品及制作步骤如图 3-2-38、图 3-2-39 所示。

图 3-2-38 《大白鹅》

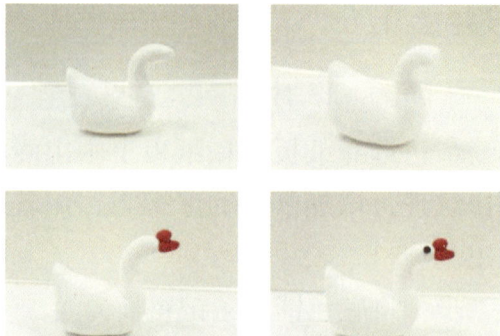

图 3-2-39 《大白鹅》制作步骤

3. 小绵羊

《小绵羊》的完成作品及制作步骤如图 3-2-40、图 3-2-41 所示。

图 3-2-40 《小绵羊》

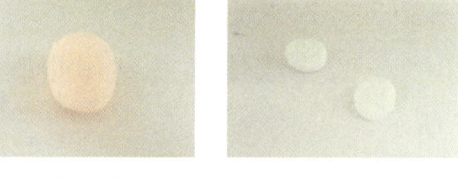
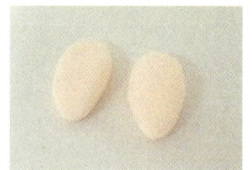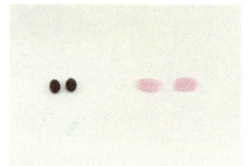

图 3-2-41 《小绵羊》制作步骤

4. 猫头鹰

《猫头鹰》的完成作品及制作步骤如图 3-2-42、图 3-2-43 所示。

图 3-2-42 《猫头鹰》

图 3-2-43 《猫头鹰》制作步骤

5. 土家小人

《土家小人》的完成作品及制作步骤如图 3-2-44、图 3-2-45 所示。

图 3-2-44 《土家小人》　　　　图 3-2-45 《土家小人》制作步骤

6. 大树

《大树》的完成作品及制作步骤如图 3-2-46、图 3-2-47 所示。

图 3-2-46 《大树》　　　　图 3-2-47 《大树》制作步骤

7. 小房子

《小房子》的完成作品及制作步骤如图 3-2-48、图 3-2-49 所示。

图 3-2-48 《小房子》　　　　　图 3-2-49 《小房子》制作步骤

第四步：将各单个圆雕组合起来，整体观察、细节调整（可根据自己实际情况增添内容）。组合完成后的黏土圆雕组合《开心小农场》如图 3-2-50 所示。

图 3-2-50 《开心小农场》（黏土圆雕组合）

项目三 认识与制作泥造型

任务三　运用陶泥造型

任务目标

【知识目标】

1. 能说出陶泥的特点、性能及工具材料。
2. 能说出陶泥造型的方法与步骤。
3. 能分析并说出不同陶泥造型作品的技法。

【技能目标】

1. 能运用手捏成型法、泥板成型法、泥条盘筑成型法制作泥作品。
2. 能运用陶泥造型表现技法。
3. 能利用陶泥技法完成对幼儿园主题环境、班级环境、区域环境的创设与美化。

【职业素养目标】

1. 养成对陶泥造型加工、升华的创新意识。
2. 体验陶泥制作过程的乐趣，不断反思和改进，提高创新能力。

13. 多肉小花盆

任务导入

陶泥文化在我国有着深厚的文化底蕴，而现代陶艺让艺术的门槛大大降低了，并融入我们的日常生活中。"玩泥"是孩子的天性，简单的活动即能启发孩子们的创造力和想象力，让孩子们开始懂得美，开始喜欢艺术。在这个学习过程中，教师引导孩子们学习、欣赏精美陶艺作品，让学生能够感受陶艺的魅力，并结合教学内容要求带领孩子们完成陶泥造型的基本塑造形式和作品制作的学习。

任务描述

陶泥作品多种多样，要具备陶泥造型能力，必须首先了解陶泥造型的材料与工具，了解陶泥造型的表现形式，掌握陶泥造型的方法步骤等。只有具备了陶泥造型的基本知识与技法语言，才能完成各种不同的陶泥造型作品。因此，通过完成本任务掌握和了解陶泥造型的基本知识与操作技能，在揉捏过程中得到释放，在观察中学到知识，在合作中发挥特长，在评价中收获信心。

 **必备的知识**

当代陶艺在现下的艺术环境里得到了新生，成为一门新兴的艺术形式，其内涵已超越了传统的概念。现代艺术中的现代派艺术创作思想和方法的融入，使得陶艺造型能够突破传统的制作观念，尽情发挥作者的想象力和创造力而成为一种新型的陶瓷艺术。如今，陶艺已成为一种自由创造的理想方式。对于平日在工作和生活中承受很大压力的都市人来说，制作陶艺是自我减压、释放情感的绝好选择。用双手挖掘内心的怡静，陶艺带你领略泥土的芬芳，伴着你的智慧与灵感，创造出只属于自己的作品，这就是陶艺的魅力所在。那么，我们就来学习陶艺的制作技法吧！

一、陶泥塑造的形式

（一）手捏成型

手捏成型法是制作陶艺最原始的办法之一，也是初学陶艺者感受泥性软硬、干湿厚薄的最基本的造型手段，光用手捏、搓、压等方法而并不需要制作工具，只需要自在创意，用手把泥捏成本人想要造型即可。徒手捏制可以最直接地表达作者的手法和构想，这也是最古老的制陶办法之一。如图 3-3-1 所示。

（二）泥板成型

泥板成型就是将泥块经过人工或压泥机碾成、拍成泥板，然后用这些泥板来进行塑造。留意泥的厚度，要契合所做陶艺作品的需求。制作时要应用泥的柔嫩性，可以像用布一样成型，可以借助扭曲、卷合等手法自由变化，随意造型。比较干的泥板可以用来制作比较挺直的陶艺造型。这种方法在陶艺制作中运用广泛，且变化丰富。如图 3-3-2 所示。

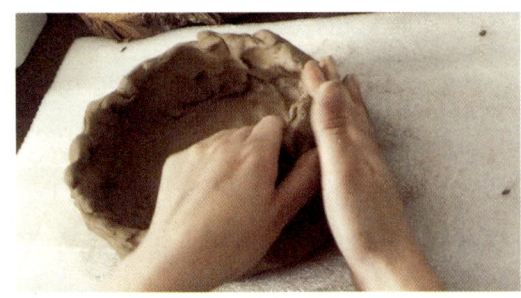

图 3-3-1　手捏成型

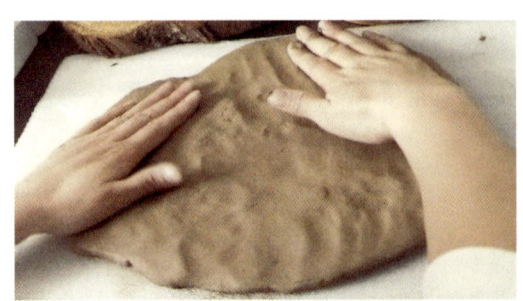

图 3-3-2　泥板成型

（三）泥条盘筑成型

泥条盘筑成型是陶艺成型技法中最为方便、造型表现力最强的技法之一。借助该技法，圆形、方形、异形泥条可以自由地弯曲与变化，且能够保留泥条在盘筑时留下来的手工痕迹，当然也可以修整得不留痕迹。

取一块泥料，用双手平缓地搓泥条，依据需求搓成粗细一致、大小平均的泥条。将泥条放在转盘上围成一个圆做底，转动转盘的同时将泥条逐条在底上加高，边转边接边压紧，顺次加高，最终做成需要的造型。注意：搓好的泥条要用塑料或湿布包好，同时每添加一层需将表里压平、压密、压匀以免枯燥时开裂，调整造型。如图 3-3-3 所示。

图 3-3-3　泥条盘筑成型

二、陶泥制作基本步骤

练泥──→制胚──→上釉──→烧制

三、陶泥作品范例——荷叶花盆制作

1. 充分揉、搓、捏陶泥，使其成型。
2. 把陶泥继续揉搓、滚动，直到它搓成一个泥板。
3. 找准中心点用手指按压，然后从四周向中间围合起来。
4. 经过多次调整和按压，捏出自己想要的荷叶造型，注意生动性，应有高有低、有曲有直。同时，制作一朵荷花造型。用大拇指的指腹按压，使其成型，重复错开粘贴。
5. 如果想要有荷叶（荷花）的肌理效果，就用专用工具刻画出想要的纹路或者效果。

荷叶花盆的具体制作步骤如图 3-3-4 ～图 3-3-12 所示。

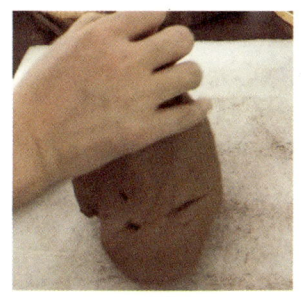 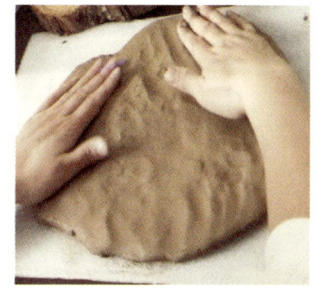 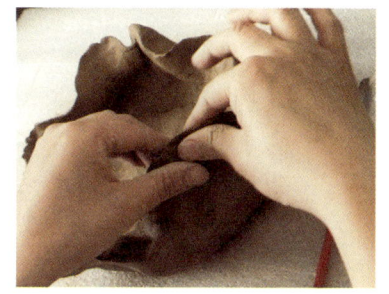

图 3-3-4　步骤一　　　　图 3-3-5　步骤二　　　　图 3-3-6　步骤三

图 3-3-7　步骤四

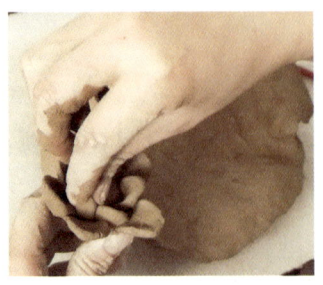
图 3-3-8　步骤五

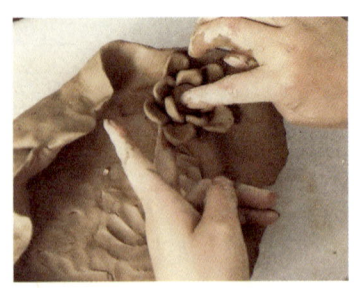
图 3-3-9　步骤六

图 3-3-10　步骤七

图 3-3-11　步骤八

图 3-3-12　步骤九

四、陶泥作品范例——人偶制作

1. 充分揉、搓、捏陶泥，使其成型。

2. 把陶泥继续揉搓滚动，里面穿插铁丝，做出人偶的大致形状。

3. 经过多次调整和按压，捏出自己想要的造型，注意头、肩、手、腿、臀等各部位的比例关系。

4. 深入刻画出人物的面部。

5. 如果想要有各种衣服、裤子的肌理效果，就用专用工具刻画出想要的纹路或造型。

人偶的具体制作步骤如图 3-3-13～图 3-3-21 所示。

图 3-3-13　陶泥人偶制作步骤一

图 3-3-14　陶泥人偶制作步骤二

图 3-3-15　陶泥人偶制作步骤三

图 3-3-16　陶泥人偶制作步骤四

图 3-3-17　陶泥人偶制作步骤五

图 3-3-18　陶泥人偶制作步骤六

图 3-3-19　陶泥人偶制作步骤七

图 3-3-20　陶泥人偶制作步骤八

图 3-3-21　陶泥人偶制作步骤九

五、陶泥作品赏析

如图 3-3-22～图 3-3-33 所示，为一些陶泥作品。

图 3-3-22　面具

图 3-3-23　房子

图 3-3-24　茅屋

图 3-3-25　水杯

图 3-3-26　鞋

图 3-3-27　院子

图 3-3-28　鱼

图 3-3-29　情景画浮雕

图 3-3-30　浮雕

图 3-3-31　花盆

图 3-3-32　花盆

图 3-3-33　花盆

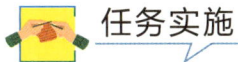 **任务实施**

活动设计：花盆制作

一、活动形式

多肉：软萌可爱，似花非花，且长开不败。学生们以个人的形式运用本次技法课训练所习得的知识与能力为多肉制作一款独一无二的小花盆。

二、活动时间

40分钟。

三、活动目的

初步掌握陶泥艺术，让学生对陶泥艺术有更为形象的认识。能辨认与说出超轻黏土、软陶、陶泥的特性与实用工具。能制作基本形体造型，引导学生进行陶泥造型的初步尝试，学习初步的空间造型方法。

四、活动步骤

步骤一：学生欣赏陶泥造型图片和花盆图片，总结其艺术造型特点和技法。

步骤二：欣赏了陶泥造型图片和花盆图片之后，大家肯定想动手做一做了。那么我们来动动手吧。

步骤三：做自己喜欢的花盆，看谁做得漂亮。鼓励学生大胆去做，勇于创造，独立完成。

步骤四：在实施过程中，教师应及时给予指导与帮助。

步骤五：成果展示，总结评价。

根据评价标准，教师与学生共同对成果、学习过程、完成方式、获得的经验进行评价和总结。

步骤六：制作经验的归纳、总结，形成扎实的陶泥造型制作技能。

 作业点评

任务名称	评价项目
陶泥塑造形式	初步掌握陶泥塑造形式，让学生熟悉这3种基本技法，即手捏成型、泥板成型、泥条盘筑成型
陶泥造型制作	能制作出花盆、人偶、花瓶等陶泥作品
	有目的、有计划、有步骤地完成
	陶泥造型制作技能
	成果展示效果
	陶泥造型制作的经验归纳与总结

任务考评

选择题

1. 陶泥塑造形式的主要艺术手法有（　　）。
   A. 手捏成型　　　　　　　　B. 泥板成型
   C. 泥条盘筑成型　　　　　　D. 拟人成型
2. 陶泥制作基本步骤包括（　　）。
   A. 练泥　　　B. 制胚　　　C. 上釉　　　D. 烧制

任务拓展

同学们，你的家是什么样子的？你家的周围都有些什么呢？同学们看过很多漂亮的房子，那你们能够想象陶泥做出来的房子是什么样子的吗？同学们，你能运用本次技法课训练学到的知识与能力制作一款独一无二的房子吗？

项目四

认识与制作幼儿园综合材料造型

 项目概括

　　综合材料造型是异于传统平面绘画造型的一种造型形式，它是在平面绘画的基础上，根据作者创作的需要，充分利用各种点状、线状、平面状、立体形状实体物，用裁剪、粘贴、堆塑等技法进行加工制作的一种艺术活动形式。综合材料造型制作也是一种相对复杂的手工制作内容，其特点是材料多种多样，制作手段灵活多变，制作的作品形态各不相同。

　　在幼儿园，综合材料造型是一项非常有趣的教学活动。利用一张纸、一片树叶、一个罐子等看似毫不起眼的材料，经过折、翻、剪、撕、粘、切等，形成形象夸张、富有趣味的作品。这样的教学活动既培养孩子动手动脑能力，启发创造性思维，同时也是丰富幼儿园教育环境、优化教学手段、提高教育质量的一个重要途径。因此它也成为幼儿园儿童手工教学、幼儿园环境创设、教具（玩具）制作的常见内容。

　　本项目以认识幼儿园综合材料造型、改造废旧物、运用马赛克造型、运用丝网造型、运用自然物造型、制作头饰为载体，对学生进行综合材料造型能力的训练，使学生在完成本项目学习的过程中，能够了解与掌握综合材料造型相关知识与技能。同时培养学生养成严谨规范的工作态度、良好的创新意识、良好的沟通能力，提高审美修养；形成幼儿园环境设计素养，为适应今后幼儿园美术活动设计、教玩具制作与幼儿园环境布置的需要奠定基础。

任务一　认识综合材料造型

任务目标

【知识目标】

1. 能解释综合材料的分类原则。
2. 能说出各种材料的属性。
3. 能分析各种工具在造型活动中的使用方法。

14. 纸杯娃娃

【技能目标】

1. 能利用各种材料的特性、属性进行综合材料造型。
2. 能使用各类工具，对不同材料进行加工、组合、固定。
3. 能选择合适的材料进行综合材料造型设计与制作。

【职业素养目标】

1. 养成严谨规范的工作态度。
2. 养成良好的创新意识，提高审美修养。
3. 具备良好的沟通能力。
4. 能评价、反思幼儿手工教学活动。
5. 能形成幼儿园环境设计素养。

任务导入

综合材料造型是一种赋予儿童大胆想象力、创造力的造型活动；它是一种在平面绘画的基础上，灵活应用各种有不同质感、肌理、颜色的实体材料进行组合的造型活动。

比如，在描绘春天的情景画中，在简单画出的花草之上加上实物性质的树叶、树干、蝴蝶标本，贴上由实物板材构成的房子标本，整个画面就会生动很多，这也是学生单纯绘画所不能达到的效果。所以，综合材料造型可应用的材料众多，灵活易学，容易出效果，深受学生喜欢；目前在幼儿园已广泛应用。

任务描述

在幼儿园的手工教学活动中,综合材料造型的实践是很重要的一项内容,在幼儿园环境创设中也广泛使用。综合材料造型的形式多种多样,要具备综合材料造型能力,必须首先了解综合材料和各种工具的性能,选择合适的造型方法,只有能够有意识地选择并利用材料特性,才能制作出有思想、有个性的艺术作品。

学生要根据自己创作构思的需要去有意识地选择不同形状、不同肌理、不同颜色的材料,灵活运用到造型创作中去,使作品达到最佳的艺术效果。

因此,本次任务的重点就是要让学生能通过对材料属性的分析,学会运用不同工具、不同制作技巧和方法、手段对材料进行加工和利用,制作出有思想、有创意的手工作品。

 必备的知识

一、各种材料的类型

1. 点状材料。点包括各种形状的点,一般分为规则和不规则两类。也有大小之分,但相对很大的点就归于面的范畴了。平常运用最多的点状材料有豆粒、扣子、珠子、瓜子以及小树叶、小石子等面积稍微细小的物体(图4-1-1~图4-1-3)。

图 4-1-1　点状材料(一)　　　　图 4-1-2　点状材料(二)

2. 线状材料。线是由排列的点所组成的,也是点的移动轨迹。线与点一样,也有规则和不规则之分。线具有长度和位置,线经过组合也会形成面。在造型中线具有很强的方向感;线状材料的大小、质感、肌理也非常丰富,表现力极强。常用的线状材料有毛线、铁丝、纸条、布条、软管、绳子等(图4-1-4~图4-1-6)。

图 4-1-3　点状材料（三）

图 4-1-4　线状材料（一）

图 4-1-5　线状材料（二）

图 4-1-6　线状材料（三）

3. 面状材料。面是指具有一定面积的块面，不同形状的面有不同的特点。面状材料体现整体、厚重和稳定的视觉效果。一般在综合材料造型中运用最多的面状材料有纸片、布头、报纸、旧挂历纸、大片树叶、各种板材等（图 4-1-7、图 4-1-8）。

图 4-1-7　面状材料（一）

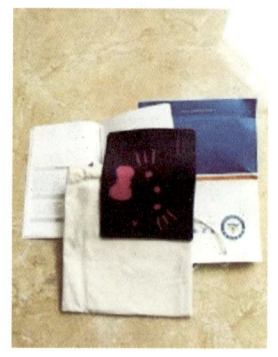

图 4-1-8　面状材料（二）

4. 立体块状材料。立体块状材料是指有三维空间的实物。这类材料众多，学生可根据需要有意识选用，如各种盒、筒、木料、石料、瓶身、瓶盖以及各种废旧玩具、泡沫等，制作过程中都可以大胆采用（图 4-1-9）。

（a）

（b）

图 4-1-9　立体块状材料

二、各种形状材料的属性

1. 不同材料有不同的形状。如不同形状的点、面，不同粗细的线，不同大小、厚薄的块状物。

2. 不同材料有不同的质感。如海绵、线绳、纸、布、泥土等材料就比较柔软，也较具有可塑性；而石头、木材、金属、塑料等材料大多质地坚硬、结实稳固，有较强的体量感；毛线、丝绸、毛发等柔软的线状材料则具有温和及柔软的感觉（图 4-1-10、图 4-1-11）。

图 4-1-10　金属材料的坚硬质感

图 4-1-11　毛线、羽毛的柔软感

三、综合材料造型常用的工具、技法

（一）常用的工具

（1）剪刀：主要用于裁剪纸、布、线、秸秆以及质地较软薄的片状材料。

（2）刀：主要用于各种材料的雕刻与削切。

（3）锯：常规锯用于竹、木的切割；热熔锯用于塑料泡沫板、海绵板的切割加工。

（4）钳子：用于金属丝的弯曲、加固或其他材料的固定。

（5）针线、钻：用于缝制、刺绣、钻孔。

（6）笔：用于绘画和涂抹胶水。

（7）其他工具：锤子、夹子、直尺、锉刀、订书机等。

常用工具如图4-1-12所示。

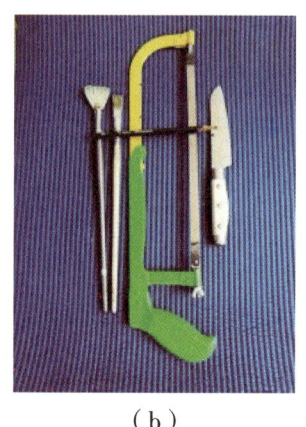

（a） （b）

图4-1-12 常用工具

（二）常用技法

综合材料造型常用的技法有画、剪、锯、雕刻、粘贴、缝制、钉等。

任务实施

活动设计：综合材料造型的概念、各种材料的属性、各种材料的选择利用

一、活动形式

以小组为单位，分成6～8个组。

分组操作：一方面，组内学生之间互相学习、互相交流、分工协作，树立团队意识；另一方面，能提高效率，保证在较短的时间内完成作业任务。

二、活动内容

（1）展示综合材料造型优秀作品和各种形态材料，使学生在对比观察中掌握各种材料的状态、特性。

（2）尝试运用不同材料制作一件综合材料造型作品。

三、活动总时间

80分钟。

四、活动目的

使学生理解综合材料造型的含义；运用适当的工具，选择合适的材料，能根据创作的需要有目的地选择不同形状、大小、颜色、肌理的材料进行造型；提高学生的动手能力和造型能力，为今后独立进行综合材料造型制作打好基础。

五、活动步骤

步骤一：对比展示几幅平面绘画和几幅综合材料造型，将平面绘画和综合材料造型进行对比，发现二者之间的异同。

步骤二：展示综合材料的不同类型、特征及属性。

（1）展示点状材料造型作品，如图4-1-13、图4-1-14所示。

图 4-1-13　点状材料造型作品（一）　　　图 4-1-14　点状材料造型作品（二）

（2）展示线状材料造型作品，如图4-1-15～图4-1-18所示。

图 4-1-15　线状材料造型作品（一）　　　图 4-1-16　线状材料造型作品（二）

图 4-1-17　线状材料造型作品（三）

图 4-1-18　线状材料造型作品（四）

（3）展示面状材料造型作品，如图 4-1-19～图 4-1-22 所示。

图 4-1-19　面状材料造型作品（一）

图 4-1-20　面状材料造型作品（二）

图 4-1-21　面状材料造型作品（三）

图 4-1-22　面状材料造型作品（四）

（4）展示立体块面状材料造型作品，如图 4-1-23～图 4-1-25 所示。

步骤三：区分不同的材料。把各种材料打乱顺序后重新摆放，让学生识别它们都是什么状态的材料。

图 4-1-23　立体块面状材料造型作品（一）　　图 4-1-24　立体块面状材料造型作品（二）

步骤四：展示常用工具及其使用方法。

步骤五：展示各种形态的综合材料造型作品。

如图 4-1-26～图 4-1-30 所示。为几幅综合材料造型作品。

图 4-1-25　立体块面状材料造型作品（三）　　图 4-1-26　综合材料造型作品（一）

图 4-1-27　综合材料造型作品（二）　　图 4-1-28　综合材料造型作品（三）

图 4-1-29　综合材料造型作品（四）

图 4-1-30　综合材料造型作品（五）

步骤六：以小组为单位，完成一件简单的综合材料造型作业。

（1）各小组集体讨论构思制作什么样的作品。

（2）分工协作，选择不同材料，合理运用工具，制作出设计方案的具体内容。

（3）各小组可根据设计的题材内容，尝试对不同材料进行综合利用，大胆创新，鼓励利用废旧物品以契合节能环保的科学理念。

步骤七：检查作业情况，展示各组学生作品，小组间进行交流。

 作业点评

任务名称	评价项目
综合材料造型	有计划、有目的、有步骤地完成
	创造性、合理地运用材料
	合理运用工具、技法制作综合材料造型
	作品展示效果
	综合材料造型制作的归纳与总结

□ 任务考评

一、填空题

1. 扣子，布头，毛线，易拉罐，报纸，（　　）属于点状材料。

2. 树叶，米粒，旧杂志，纸杯，纸带，（　　）属于线状材料。

3. 瓜子，黄豆，蛋壳，饮料瓶，筷子，（　　）属于立体块状材料。

二、多项选择题

1. 在制作综合材料造型作品时可以使用（　　）等材料。

A. 铁丝　　　　B. 蛋壳　　　　C. 包装盒

D. 酒精　　　　E. 纸浆

2. 在制作综合材料造型作品时可以使用（　　）等技法。
A. 剪　　　　B. 锯　　　　C. 粘
D. 画　　　　E. 叠加

三、简答题

1. 树叶在综合材料造型中只能做点状材料使用吗？
2. 毛线在综合造型中怎样形成面的效果？

  任务拓展

利用多种废旧物品，让学生根据创意或者利用现有材料，完成至少由 3 种不同形状、不同特性的材料制作而成的造型作品。

任务二　利用废旧物造型

 任务目标

【知识目标】

1. 能说出废旧材料的种类和常用的工具材料。
2. 能列举废旧物造型的创作方法和制作流程，并能灵活运用。
3. 能综合利用不同废旧材料并根据幼儿园实际需要进行美化或改造。

15. 瓶瓶罐罐的重生

【能力目标】

1. 能运用点状材料、线状材料、面状材料、块状材料的造型规律制作手工作品。
2. 能设计改造各种废旧物造型。
3. 能利用废旧物造型美化幼儿园主题环境、班级环境、区域环境。
4. 能创新废旧物造型设计的思路。

【职业素养目标】

1. 能养成对废旧物造型加工、升华的创新意识。
2. 能树立团队合作意识、自我评价与反思意识。
3. 能养成环保意识，提升对生活的热爱。
4. 能利用废旧物造型培养幼儿园环境设计的工艺技术素养，为适应今后幼儿园美术活动设计、教玩具制作与幼儿园环境布置的需要奠定基础。

 **任务导入**

教室里，李老师看着被蓓蓓扔在地上的空饮料瓶子，皱了皱眉头，刚想让蓓蓓捡起来，突然灵机一动，咦，这不就是现成的操作材料吗？不花钱，还有实用性，还能培养小朋友的环保意识。要是你，你会怎么做呢？

 任务描述

废旧材料在日常生活中很容易收集，现在废旧材料的材质丰富、造型各异、色彩艳丽，非常适合用作各种造型，且很多物品经过再造型后还具有其他的用途，所以实用性很强。在废旧物再造型的过程中，幼儿能够通过动手操作来达到锻炼的目的，养成动手动脑的好习惯，还可以在游戏活动过程中培养环保与节约意识。能够运用手工制作的知识和技巧以及基本的造型规律与方法对废旧材料实现改造和利用，完成对班级环境、区域环境的美化；也能制作环保实用的教玩具，还可以通过亲子活动，增加与家人一起活动的时间，彼此增进感情。因此，我们可以通过本任务来掌握和了解这些知识和操作技能。

要具备废旧物再造型的能力，必须先了解日常生活中哪些废旧材料是可以进行再创造的，以及在操作过程中应该注意的事项。清楚不同类型的废旧物造型的方法。能综合各种废旧材料根据幼儿园实际需要来进行美化或改造。

 **必备的知识**

一、什么是废旧材料

幼儿园环境设计中所选用的废旧材料是日常生活中常用的、便于收集的，卫生并且安全无毒的废品。这些废旧材料有着不同的大小、形状、颜色和纹理，十分利于进行再造型。

二、废旧材料分类及用法

1. 点状材料造型。指相对较小的点状材料，一般可用于粘贴，有一定立体感。如图4-2-1、图4-2-2所示。

2. 线状材料造型。指相对细长的材料，一般可用于缠绕、粘贴、悬挂等。如图4-2-3、图4-2-4所示。

图 4-2-1　豆子

图 4-2-2　扣子

图 4-2-3　装饰绳

图 4-2-4　铜丝

3. 面状材料造型。指有一定面积的材料，一般可用于粘贴、打底、折叠等。如图 4-2-5、图 4-2-6 所示。

图 4-2-5　蛋糕盘

图 4-2-6　报纸

4. 块状材料造型。指有一定体积的材料，一般可用于立体造型，且造型方式多样。如图 4-2-7、图 4-2-8 所示。

图 4-2-7　纸盒

图 4-2-8　铁盒

三、废旧材料使用的意义

1. 动手操作类活动：训练手部小肌肉；训练手眼协调能力、观察力；开发幼儿智力。

2. 竞技类活动：训练幼儿身体的大小肌肉的力量、动作协调能力和平衡能力。

3. 亲子类活动：增加亲子交往时间，培养父母与幼儿之间的感情。

4. 收集废旧材料活动：培养幼儿的环保意识与节约意识。

四、手工制作的工具

手工制作的工具包括剪刀、美工刀、镊子、热熔胶枪、尺子、针、线、铅笔等。如图 4-2-9～图 4-2-14 所示。

图 4-2-9　剪刀

图 4-2-10　美工刀

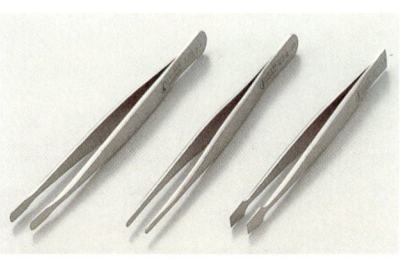
图 4-2-11　镊子

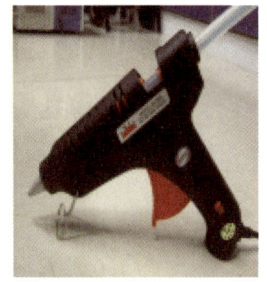
图 4-2-12　热熔胶枪

图 4-2-13　尺子

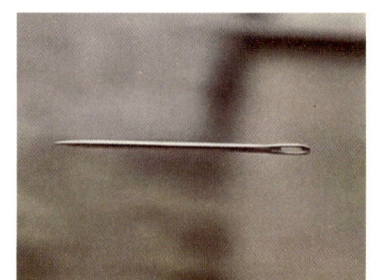
图 4-2-14　针

五、废旧材料的使用及注意事项

1. 使用情况

（1）制作教玩具运用于角色游戏中，经济实惠，可操作性强；制作教玩具运用于体育游戏中，取材方便，经济实惠；制作教玩具运用于音乐游戏中，趣味性很强，开发幼儿想象力。

（2）利用废旧物改造需利用原型，突出废旧材料的形态特征，实现多类型材料组合,和谐突出创造物品的趣味性。

2.注意事项:所选取的材料应不含有毒物质,确保安全环保,容易清洗和消毒;符合幼儿年龄特点,具有可操作性。

六、废旧材料作品示例

如图 4-2-15～图 4-2-20 所示,为一组废旧材料制作而成的作品。

图 4-2-15　梳妆台变身

图 4-2-16　五彩瓶

图 4-2-17　惊讶的鞋子

图 4-2-18　瓶盖转转转

图 4-2-19　刺猬

图 4-2-20　自行车摩天轮

任务实施

活动设计：废旧物再造型

一、活动形式

分小组活动，共分成5组。

以小组为单位，分工合作完成手工作品的制作。在制作过程中，同学间相互交流、相互讨论，能够提出自己的观点，同时树立团队意识，大家各司其职，互相帮助，提高工作效率。

二、活动内容：瓶瓶罐罐的重生

根据每个小组的实际情况，设计两种以上的以废旧的瓶瓶罐罐为主材料的手工作品。

三、活动时间

40分钟。

四、活动目的

本任务旨在让学生养成注意观察生活中事物、善于发现生活中的美的好习惯，培养环保意识以及动手动脑的习惯；综合利用所学的知识技能完成本次任务，提高实践能力、自主创新能力和团队意识。

五、活动步骤

步骤一：细分小组，确定内容。

小组内成员进行再分组细化，确立总负责人。小组讨论构思：确定瓶瓶罐罐为所要制作的手工作品类型的主要材料。

步骤二：根据确定的内容，小组内成员再细分任务。

确定任务分配后，各司其职，总负责人把握制作进度和统筹调配。

步骤三：确立制作流程。

各小组简略画出制作图纸，敲定制作流程。

步骤四：完成作品。

小组成员合作完成作品，由总负责人验收，各成员之间交流讨论本次任务完成的得与失，并对有缺陷的地方进行改正，使制作过程更利于操作、更便捷，成品更加实用、美观。

步骤五：进行作品的展示与讲解。

各小组将作品摆放到展示台，依次请小组讲解员上台为同学们讲解自己的设计灵感、设计理念以及本次作品完成过程中的得与失以及整改方向。作品展示完毕后，同学们可针对本次展出作品，提出个人意见，并可优化作品整改方向。

 作业点评

任务名称	评价项目
瓶瓶罐罐的重生	有目的、有计划、有步骤地完成
	能创造性地、独立或是合作解决问题
	废旧材料的创新利用及制作技能
	成果展示效果
	利用废旧瓶罐制作手工作品的经验归纳与总结

☐ **任务考评**

多项选择题

1. 综合材料可分为哪几类？（　　）

A. 点状材料　　　　　　　　B. 面状材料

C. 线状材料　　　　　　　　D. 块状材料

2. 下列哪些是废旧材料的使用注意事项？（　　）

A. 不含有毒物质，安全环保，容易清洗和消毒；符合幼儿年龄特点，具有可操作性

B. 废旧材料的收集只能来自家庭中，其他地方的废旧材料不够卫生

C. 废旧材料制作的教玩具，运用于角色游戏中，经济实惠，可操作性强；运用于体育游戏中，取材方便，经济实惠；运用于音乐游戏中，趣味性很强，开发幼儿想象力

D. 利用废旧物改造需利用原型，突出废旧材料的形态特征，多类型材料组合，和谐突出创造物品的趣味性

 任务拓展

1. 自主收集各种点、线、面、块状等废旧材料，运用不同材料完成两件实用型作品，并能够流畅地用恰当的语言描述制作方法。

2. 选两件其他同学的作品，分析同学们的制作流程和制作方法，并进行优化整改后推出新的两件作品。

 手工实用教程

任务三　运用马赛克造型

 任务目标

【知识目标】

1. 能说出马赛克造型艺术的特点。
2. 能说出马赛克在幼儿园中的运用。
3. 能说出幼儿园美工区马赛克造型所应用的常见材料。

16. 树

【技能目标】

1. 能示范手工马赛克造型的制作方法步骤。
2. 能为幼儿教育活动选择或制作适合幼儿的马赛克造型材料。
3. 能创作出生动、有趣的马赛克造型。

【职业素养目标】

1. 能激发创新意识。
2. 能激发学习兴趣，提升审美修养水平以及对生活的热爱。
3. 能将学到的知识、技能运用到幼儿园手工教育或其他领域的教育实践。

 任务导入

　　幼儿园的小代老师在美工材料区投放了马赛克材料，并在美工区绘制了马赛克的制作步骤和制作要领的图示，还选择不同形式的马赛克造型摆放在幼儿们的视线范围内，既美化了环境，又激发了幼儿对马赛克造型艺术的兴趣，孩子们都兴奋地选择马赛克来造型。如果你是小代老师，你知道应选择怎样的马赛克材料提供给幼儿吗？你知道幼儿园马赛克造型的常用工具吗？你知道幼儿园马赛克造型的方法步骤与制作要领吗？你能带领孩子们开展马赛克手工造型活动吗？

 任务描述

　　通过完成本任务，了解和掌握马赛克造型知识、技能，为今后独立运用马赛克造型，同时为设计与组织幼儿进行马赛克造型美工活动奠定基础。

 必备的知识

一、马赛克的概念及发展演变

马赛克造型是以玻璃、石材等硬性碎块材料为表现媒介，通过拼、贴、染色等方式，运用简练、概括的手法创造出的手工拼贴艺术。

马赛克一词音译于 Mosaic，它源于古希腊神话中掌握诗歌艺术的女神名字"Musa"，意思是"值得静思、需要耐心的艺术工作"。当时古希腊的统治者们为了彰显自己的身份和地位，不惜耗费人力和物力，命令工匠们采用马赛克形式为自己居住的地方进行装饰。工匠们将许多黑色和白色的石头搭配组合，再用砂浆将它们整齐排列在墙壁上形成巨幅的壁画，整个过程十分耗费时间。也正是由于马赛克这种十分需要耐心的绘制过程，因此它才被称作是"Musa"。

马赛克是古希腊、古罗马时期最宝贵的文化财富之一，其造型繁复而美丽，诉说着历史的兴衰。古罗马时期，马赛克艺术已经发展得十分普遍了，普通的民宅以及公共建筑的地板、墙面都用马赛克来装饰。不同于古希腊人使用的色彩单调的黑白马赛克，古罗马人更爱用有色彩的陶瓷、玻璃等材料绘制马赛克，他们也十分喜欢用马赛克这一形式来讲述自己的历史故事，这些作品甚至被保留到了今天；虽然已经残缺不全，但经过两千多年的岁月洗礼，这些马赛克壁画依然闪耀着光辉。

在意大利西西里岛中部卡萨尔的罗马别墅中，以马赛克描绘的古希腊时期的生活场景或人物、动物随处可见。

古罗马时期，在圣索菲亚大教堂的地道和墙壁上，基督徒们用瓷砖碎石，凭空拼贴出一幅幅栩栩如生的马赛克壁画，记录了形形色色的宗教故事（图4-3-1）。

图 4-3-1　马赛克壁画

拜占庭时期，工匠们的技术水平不断提升，同时还创造出一种全新的马赛克材料——珐琅。此时的马赛克装饰，不再拘泥于单纯的组合拼贴。工匠们在整石上开凿出马赛克碎石，凹凸不平的碎石表面在阳光的折射下闪烁着耀眼的光芒，再配以金箔镶嵌于建筑物的天花板或窗户上，展现了独属于拜占庭时期的奢靡、璀璨的艺术风格。如图 4-3-2 所示。

图 4-3-2　金光闪闪的拜占庭时期马赛克艺术（圣维塔莱教堂的穹顶一角）

工业革命之后，马赛克材料的色彩更加丰富，材质也更加轻巧坚固，更加符合现代建筑建造的需求。现代建筑大师安东尼奥·高迪将马赛克艺术发挥到了极致。他使马赛克不再是机械地附属于建筑物的装饰品，而是真正融入建筑的本体之中，成为了建筑物不可或缺的一部分。如图 4-3-3 ～图 4-3-5 所示，为高迪设计的建筑作品。

图 4-3-3　高迪设计的古埃尔公园

图 4-3-4　古埃尔公园内的主题喷泉——蜥蜴喷泉

图 4-3-5　古埃尔公园中的长凳

在高迪设计的古埃尔公园中,无数的彩色瓷片、玻璃几乎由里到外地覆盖了所有建筑,马赛克独特的视觉效果让这座公园的童话色彩更加浓郁。

如今,越来越多的艺术创作者愿意使用马赛克的方式进行艺术创作。古老的马赛克在现代艺术作品的创作中迸发出更加旺盛的生命力(图 4-3-6、图 4-3-7)。

马赛克以其破碎的视觉效果和对色彩超高的驾驭能力,历经数千年,已经蜕变为一种成熟的艺术门类。从单纯地模仿现实场景,到自主地进行创造,马赛克形式的演变过程,也是工匠、手工艺者、艺术家不断在其中注入自身艺术思想的过程。

图 4-3-6　现代艺术家创作的马赛克艺术品

图 4-3-7　《里约热内卢的塞勒隆阶梯》（艺术家 Selarón 创作）

如图 4-3-8 所示，色彩斑斓的马赛克材料被引入幼儿园，成为幼儿们发挥想象力和创造力的优秀材料，展现出幼儿的童真与浪漫。这样的创作过程对幼儿而言，又何尝不是一种盎然有趣的艺术体验呢？

二、常见的马赛克材料及美工造型

如今，随着装饰材料的不断产生和得到应用，马赛克造型很快突破了传统的马赛克所使用材料的范围。如珐琅、云母、玻璃、金属的交替使用，形成了更具质感和色彩冲击力的马赛克艺术，也形成了如今更加精致的微砌马赛克艺术。从沿用千年的大理石、小鹅卵石、玻璃砖、陶片、瓷片和珐琅等再到当代生活中任何可使用的材料如纽扣、餐具或木块等，马赛克造型艺术不仅没有消亡，反而因为技术和材质的进步，变得更加多元和广泛。

图 4-3-8　幼儿马赛克作品

如图 4-3-9～图 4-3-21 所示，是常见的马赛克材料与美工造型。

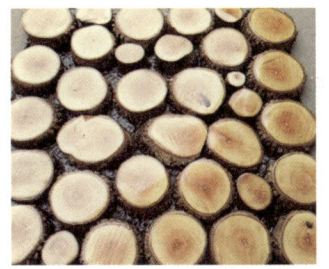  

图 4-3-9　椭圆形、长条形、方形原木马赛克

图 4-3-10　三角形、方形、圆形等玻璃马赛克

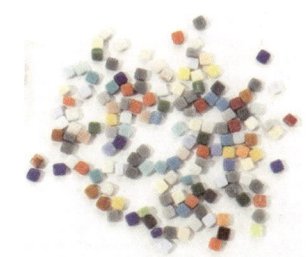  

图 4-3-11　菱形、方形通体玉石马赛克

图 4-3-12　幻彩水晶马赛克

图 4-3-13　金属马赛克

图 4-3-14　碎粒、方形石英云母马赛克

图 4-3-15　方形、小鹅卵石马赛克

图 4-3-16　贝壳马赛克

图 4-3-17　纽扣马赛克

图 4-3-18　水晶钻石马赛克

图 4-3-19　自制卡纸、海绵纸马赛克

图 4-3-20　画出来的马赛克

图 4-3-21　马赛克盘饰

三、马赛克造型示范

（一）准备工具与材料

1. 主材：形状各异的马赛克、小石子、贝壳、瓷砖碎片（图 4-3-22）。
2. 辅材：胶水、石粉、框架底板（图 4-3-23）
3. 工具：夹子、钢钳、手套、海绵（图 4-3-23）。

图 4-3-22　主材

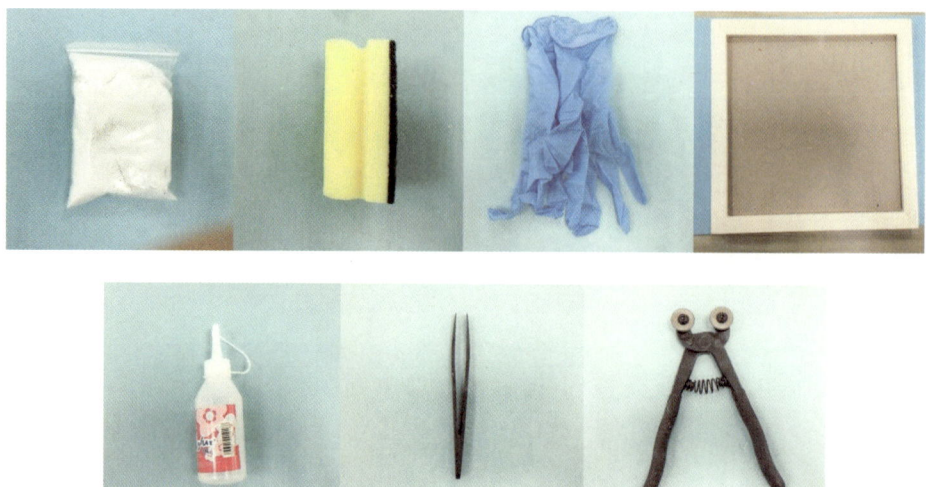

图 4-3-23　辅材与工具

（二）开始制作

第一步：用铅笔在底板上画出事先设计好的马赛克造型的基本轮廓线。如图 4-3-24 所示。

（a）　　　　　　　　　　　　　　（b）

图 4-3-24　绘制图案基本轮廓线

第二步：根据事先设计的造型裁剪马赛克材料。如图 4-3-25 所示。

（a）　　　　　　　　　　　　　　（b）

图 4-3-25　裁剪马赛克材料

第三步：绘制图案的基本轮廓并在该轮廓内刷上胶水，将不同的马赛克材料粘贴到相应的位置。如图4-3-26所示。

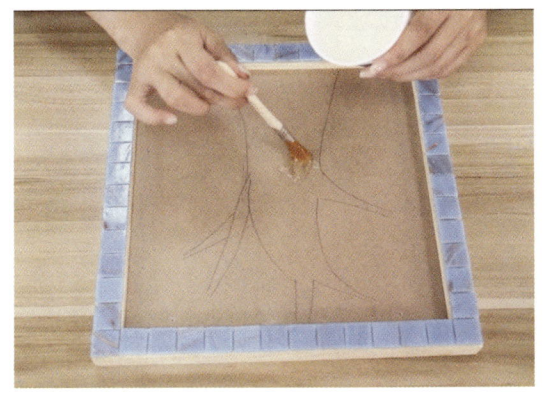

（a）涂胶

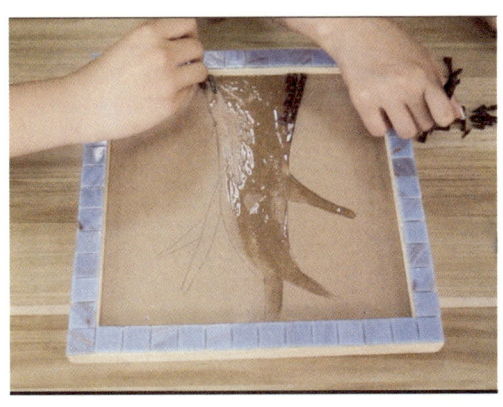

（b）粘贴（注意保留马赛克之间的缝隙）

（c）粘贴树干

（d）粘贴果实

（e）粘贴完成

图4-3-26　粘贴马赛克材料

第四步：等马赛克干透以后，就用白水泥填缝。

（1）准备好白水泥与水，比例为 3 : 1，将水分次加入白水泥中，不要一次把水加完，应多次少量，不停搅拌，最终搅拌成牙膏状。如图 4-3-27～图 4-3-29 所示。

图 4-3-27　倒入白水泥

图 4-3-28　分次加水，同时搅拌

（2）将调好的白水泥均匀涂抹在干透的作品表面，填满马赛克的缝隙，作品表面涂满白水泥是正常的，可用刮刀刮去多余的白水泥。如图 4-3-30～图 4-3-32 所示。

图 4-3-29　将白水泥搅拌成牙膏状

图 4-3-30　戴手套涂抹白水泥

图 4-3-31　白水泥涂满作品表面与缝隙

图 4-3-32　刮除多余白水泥

（3）静置 10 分钟后，取出海绵吸水后拧干，以同方向擦掉表面的白水泥，每擦一次后应洗净海绵，重复 4～5 次，再静等 40 分钟左右，用干布擦净表面，作品就完成了。如图 4-3-33、图 4-3-34 所示。

图 4-3-33　海绵吸水后拧干，以同方向擦掉表面的白色泥

图 4-3-34　作品完成

> **专家支招**　粘贴过程中注意造型的构造，做到心中有数，制作及时，避免胶水干后不易粘合；大致造型组合好后，要注意细节，认真处理，及时修正。

 任务实施

活动设计：自制马赛克材料

一、活动形式

3～6 人组成一个小组。

分小组学习，一方面，组内学生之间既可互相督促、互相比拼，又可互相交流、互相学习，树立个人服从团队、小点服从大局等观念；另一方面，还能提高学生的沟通协调能力，增强多元合作意识。

二、活动内容

自制马赛克材料，并用于自己的马赛克设计与马赛克造型的制作。

三、活动时间

80 分钟。

四、活动目的

一方面，加深对马赛克知识的了解，提升动手能力、协作能力，增进对马赛克装饰造型的了解，把原本普通的玻璃碎片、贝壳等物件，转化为一个个生动的艺术形象，充分运用所学美化生活。

另一方面，从创新思维的角度，选择马赛克的设计与制作，既可以制作成独幅的马赛克造型手工作品，又可以把几个相对独立的马赛克造型作品组成一幅完整的组合马赛克作品，设计与制作具有相对的灵活性，可以充分发挥学生们的创造力，给课堂上的学生一个更加广阔的发挥空间。

五、活动步骤

步骤一：选择材料，自制马赛克。

由小组成员决定选择何种材料，合理分工完成自制马赛克的制作。

步骤二：用自制马赛克材料设计与制作马赛克造型。

（1）小组商定马赛克造型设计与制作流程。

每小组推举一名学习组长，组织小组成员展开短期讨论，商定本小组马赛克造型设计与制作的整体构想，小组长综合各位成员意见后，布置每位成员根据整体思路设计相对独立的马赛克造型设计与制作流程。

（2）根据制作流程完成马赛克造型。

根据预先设定的制作流程，独立或合作完成马赛克造型。

小组长除完成好自己的作品任务外，要实时关注与提示本小组成员的制作进度，以保证本小组作品的完整性。

小组长组织好本组成员各自独立制作的作品，并进行相应粘贴，进而组合成为本组整体作品，同时组织好展示作品的创意说明，完成集中展示前的准备工作。

步骤三：对自制马赛克材料与用自制马赛克做的美工造型进行展示和说明。

各组推荐一位材料说明人、一位作品说明人，分别进行展示说明，与全班同学一起交流，共享自制马赛克材料的要点、造型创作的设计与造型过程的感受，提升审美情趣。

> **专家支招**
>
> 材料说明人主要从适合幼儿美工活动的选材和操作方面进行说明。
>
> 作品说明人主要从构思构图、马赛克的技法、点线面的运用处理、色彩的布局、审美情趣等方面与全班同学一起分享与交流创作心得。

作业点评

任务名称	评价项目
自制马赛克材料	适合幼儿美工活动的选材
	适合幼儿美工活动的操作
马赛克造型的设计与制作	有目的、有计划、有步骤地完成
	创造性、独立、自我承担地解决问题
	马赛克造型制作技能
	成果展示效果
	马赛克造型制作的经验与总结

 任务考评

【知识巩固】

选择题

马赛克的起源是在（　　）。

A. 古希腊时期　B. 古罗马时期　C. 罗马时期

任务四　运用丝网造型

 任务目标

【知识目标】

1. 能说出丝网造型的种类和工具材料。

2. 能列举丝网造型的特点及造型规律。

3. 能说出丝网造型不同材料的制作方法。

【技能目标】

1. 能掌握丝网造型的基本方法与技巧，完成常见丝网造型。

2. 能改造利用各种丝网材料类型的手工作品。

3. 能设计与制作新的丝网材料类型的手工作品。

4. 能利用各种丝网材料创设幼儿园区域环境。

【职业素养目标】

1. 能关注传统丝网造型文化形式与时代生活，养成对丝网造型材料加工、升华的创新意识。

2. 具有团结合作和大局意识。

3. 能建立幼儿园环境设计中丝网造型工艺素养，为适应今后幼儿园美术活动设计、教玩具制作与幼儿园环境布置的需要奠定基础。

4. 鼓励学生使用废旧材料做丝网造型原料，培养学生的环保意识。

 任务导入

丝网造型是现代艺术中的一朵奇葩。第一眼看到丝网造型作品的人都会被其独特的魅力所折服。丝网造型制作简单，对于学生来说易于掌握；丝网造型作品既精致脱俗，又环保多变，能够帮助学生展开联想的翅膀；丝网造型既能体现学生自身的审美感受，又能提高学生的动手能力，学生还能利用其对亲人朋友表达情意，是生活中不可多得的造型艺术品。

 任务描述

丝网造型是利用五彩铁丝及丝袜为原材料经纯手工制作而成。其色彩艳丽、造型丰富，具有半透明的特性和极强的质感，因而富有独特的艺术表现力和感染力。要学会丝网造型，就必须了解丝网造型制作的材料、工具和造型特点，掌握丝网造型的制作技法和制作步骤，同时教师应当做出最详细的示范，才能完成丝网造型的制作。

 必备的知识

一、丝网造型的发展概况

丝网造型，最早起源于日本。由于丝网造型的基本材料是普通的丝袜，也被称为"丝袜造型"。在日本，丝网造型最初是人们将破损的却又弃之可惜的丝袜加以重新利用，经巧妙构思创作出来的，并逐渐风靡全日本，成为许多家庭主妇的新宠。

丝网花是一门新兴手工艺术；以五彩铁丝及丝袜为原材料经纯手工制作而成，具有极强的质感，花形逼真，犹如鲜花一般，欣赏及装饰效果颇佳，而且色彩多样，可根据个人要求进行选择搭配，可以充分发挥制作者的创造性。

丝网花具有典雅和环保的特性，制作者在提升自己审美能力、动手能力、创新能力及合作意识的同时还可以在生活中发现不一样的乐趣。丝网花的制作过程使人们深切感受到美需要靠双手来创造。

二、丝网造型的材料与工具

工具准备：套筒、剪刀、钳子等。

材料准备：铁丝、绿色花梗、彩色丝网、胶带、弹力线、花蕊等。具体的材料和工具如图 4-4-1 所示。

1. 套筒。用来做不同大小的花瓣及叶子的基础工具；一般从小到大共 8 个号（图 4-4-2）。

图 4-4-1　材料和工具

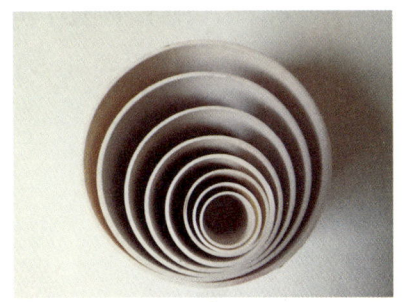

图 4-4-2　套筒

2. 铁丝。用来做花瓣和叶子的骨架（图 4-4-3）。
3. 丝网。用来套花瓣和叶子的（图 4-4-4）。

图 4-4-3　各色铁丝

图 4-4-4　各色丝网

4. 弹力线和胶带。弹力线用于缠丝网（图 4-4-5），另外，胶带是用来缠花瓣底部的，使用两者的时候都需要拽紧并缠绕。
5. 钳子和剪刀。拧紧铁丝时用钳子的尖端，剪断铁丝的时候用钳子的底部；剪刀主要对多余的丝网进行修剪、整形（图 4-4-6）。

图 4-4-5　弹力线

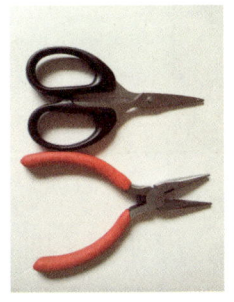

图 4-4-6　钳子、剪刀

三、丝网造型示范

（一）小雏菊造型

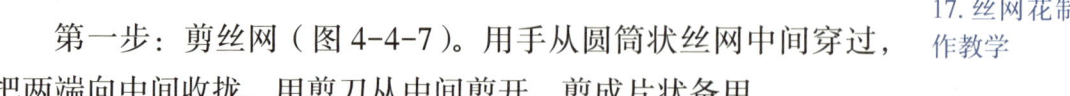

17. 丝网花制作教学

第一步：剪丝网（图4-4-7）。用手从圆筒状丝网中间穿过，把两端向中间收拢，用剪刀从中间剪开，剪成片状备用。

第二步：绑花蕊（图4-4-8）。将花蕊对齐折叠，放在花梗的一端，用弹力线扎紧。

图4-4-7　剪丝网

图4-4-8　绑花蕊

第三步：做花瓣骨架（图4-4-9）。将铁丝从一端开始，绕套筒一圈后，用钳子将铁丝两端拧紧，留出大约1厘米端头后将铁丝剪断，这样一个花瓣骨架就做好了。再用同样的方法将另外一些花瓣骨架做好备用。

第四步：做花瓣（图4-4-10、图4-4-11）。将丝网从一端开始包裹在花瓣骨架上，再将丝网拉紧并拢在花瓣骨架的底部；用弹力线缠紧后将多余的丝网剪下，这样一个花瓣就做好了。用同样的方法把另外一些花瓣做好备用。

图4-4-9　做花瓣骨架

图4-4-10　做花瓣（一）

第五步：绑花瓣（图4-4-12）。先将一个花瓣用弹力线捆绑在花蕊旁边，再依次将另外两个花瓣分别扎好，最后再在花瓣的根部也就是弹力线捆绑的地方，用胶带缠紧固定住，这样花朵就做好了。

图 4-4-11　做花瓣（二）　　　　　　　图 4-4-12　绑花瓣

第六步：花朵整形（图 4-4-13）。用手整理花朵的形状。整理的手法不同，得出的花形也不同。可根据花瓣的特点做出捏、提、拉等整形动作。

可若干次重复上述 6 个步骤，若干朵相同造型的小雏菊花朵即完成。

最后，一件完整的小雏菊造型作品就完成了，如图 4-4-14 所示。

（二）郁金香造型

第一步：用铁丝做丝网花花瓣及叶子的骨架，用于做花瓣的 5 号、6 号套筒各 3 个，以及 1 个做叶子的套筒（图 4-4-15）。

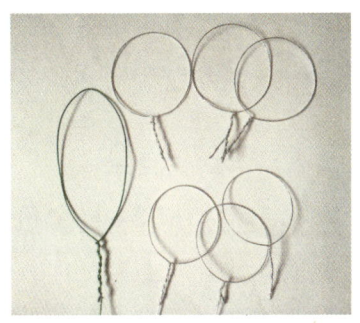

图 4-4-13　花朵整形　　图 4-4-14　雏菊造型作品　　　图 4-4-15　骨架

第二步：用黄色丝网制作 6 片花瓣，用绿色丝网制作 1 片绿色叶子，完成后把它们和花心绑在一起（图 4-4-16～图 4-4-18）。

图 4-4-16　花瓣　　　　　　　　　图 4-4-17　绑花心

第三步：将绑好的花瓣、花心整理成展开的花形（图 4-4-19、图 4-4-20）。

图 4-4-18　绑花瓣

图 4-4-19　整理花瓣

第四步：做叶子粘贴在花杆上，整理后完成制作（图 4-4-21）。

图 4-4-20　花成形

图 4-4-21　粘贴叶子

（三）玫瑰花造型

第一步：取 24 号金色的铁丝，绕 6 号套筒 4 片、7 号套筒 4 片，套蓝色丝网制成花瓣。

第二步：取 24 绿色的铁丝，绕 5 号套筒 3 片，4 号套筒 3 片，套绿色丝网制成叶子。（注：叶柄留 3 厘米长，叶子边缘折成波浪形。）

执行上述步骤中所需的工具和骨架如图 4-4-22 所示；套丝网步骤如图 4-4-23 所示。

图 4-4-22　工具和骨架

图 4-4-23　套丝网

第三步：花杆和花瓣组合。具体步骤如下：

① 在离花杆顶端 3 厘米处依次倒扎 3 片 7 号套筒花瓣；

② 依次倒扎 1 片 7 号套筒花瓣；

③ 在前一层的对空处依次倒扎 2 片 6 号套筒花瓣；

④ 倒扎 2 片 6 号套筒花瓣（一边一片）。

花瓣和花心的绑扎如图 4-4-24 所示。

第四步：取餐巾纸 2 节，折叠好，在花杆顶端处包卷成水滴状或者直接用水滴状的泡沫（底部直径约为 2.5 厘米）。

第五步：用蓝色丝网把做好的花苞套起来，用弹力线扎紧，剪掉多余的丝网（注意：不要剪掉花瓣）。

第六步：把最上面的 2 片小花瓣反向掰转，捏成含苞状，接着把剩余的花瓣依次掰转。

第七步：把花托扎在花瓣的底部，包上绿色胶带。如图 4-4-25 所示。

图 4-4-24　绑花瓣及花心

图 4-4-25　整理造型配叶子

第八步：取一截铁丝做花杆，将 5 号套筒叶子扎在花杆顶端，用弹力线扎紧，包绿色胶带。另外 2 片小叶子包好绿色胶带，和大叶子组合后再一起包上绿色胶带。同方法再做一个枝叶。

第九步：把两个枝叶与花朵组合，包上绿色胶带。整理造型完成。如图 4-4-26 所示。

（四）小蜜蜂造型

图 4-4-26　花及花苞的完成

第一步：取 24 号铁丝，采用双节绕法缠绕 4 号筒 1 个、5 号筒 1 个，制作蜜蜂的翅膀骨架。如图 4-4-27 所示。

第二步：骨架套黄色丝网，取棉花适量，整理形状成头大尾细状，套上

图 4-4-27 制作小蜜蜂翅膀骨架

黄色丝网,用弹力线将头部分离出来。如图 4-4-28 所示。

第三步:把两对翅膀扎起来,取一根黄色丝网将线处包起来;头部用针线缝 2 颗黑色珠子做眼睛(也可用黑笔画),将黑色铁丝对折粘上珠子插进头顶做触须,用黑色画笔在身体的背部和尾部画 3 条横线。如图 4-4-29 所示。

图 4-4-28 做小蜜蜂身体

图 4-4-29 扎翅膀、眼睛和触须

第四步:将蜜蜂身体粘在翅膀中央位置。这样,可爱的小蜜蜂就制作完成了。如图 4-4-30 所示。

(五)蝴蝶造型

第一步:取铁丝在 7 号筒(1 个)和 8 号筒(1 个)采用双节绕法进行缠绕,制作蝴蝶的翅膀骨架,并将翅膀整形。如图 4-4-31、图 4-4-32 所示。

图 4-4-30 完成蜜蜂造型

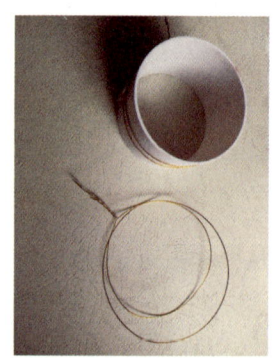

图 4-4-31 做蝴蝶翅膀骨架

第二步：把翅膀骨架网上丝网，取一对活动眼和一节铁丝对折成触须状备用。如图4-4-33所示。

图4-4-32　翅膀整形　　　　　图4-4-33　网上丝网；制作蝴蝶眼睛和触须

第三步：做身体。用餐巾纸包铁丝（长大约7厘米）扎紧。如图4-4-34所示。

第四步：蝴蝶身体一端包些丝光棉球，网上4层丝网，扎紧后剪去多余丝网。如图4-4-35所示。

图4-4-34　做身体　　　　　　图4-4-35　将身体包上丝网

第五步：在身体上部粘上一双活动眼，触须缠在头顶部，两对翅膀扎在一起，扎线的部位都可以用丝网缠好。如图4-4-36所示。

第六步：在蝴蝶身子扎线的地方将翅膀用胶粘上；美丽的蝴蝶造型就做好了。如图4-4-37所示。

图4-4-36　将触须、眼睛、翅膀组合在一起　　　图4-4-37　蝴蝶造型完成

（六）其他丝网造型赏析

如图 4-4-38 ～图 4-4-52 所示，为一组丝网造型作品。

图 4-4-38　胸花

图 4-4-39　头饰

图 4-4-40　戒指

图 4-4-41　耳环

图 4-4-42　郁金香

图 4-4-43　金鱼

图 4-4-44　鲤鱼

图 4-4-45　喜鹊

图 4-4-46　花仙子

图 4-4-47　小雏菊

图 4-4-48　杏花

图 4-4-49　梅花

图 4-4-50　蝴蝶兰

图 4-4-51　天鹅

图 4-4-52　孔雀

任务实施

活动设计：丝网的造型

一、活动形式

以小组为单位，将学生分成 6 组，各小组之间既可互相督促、互相比拼，又可互相交流、互相学习。

二、活动内容

为幼儿园角色扮演区的花店制作不同品种的花朵。

三、活动时间

80 分钟。

 手工实用教程

四、活动目的

通过对丝网造型作品的欣赏和学习，掌握丝网造型的表现技法；能在丝网造型中融合其他艺术形式，提高丝网造型的表现力；增强学生的动手能力、动脑能力。

五、活动步骤

步骤一：小组设计丝网造型制作流程。

步骤二：根据制作流程完成丝网造型的制作。

步骤三：按小组分，对本人的丝网造型进行展示和说明。

 作业点评

任务名称	评价项目
丝网的造型	有目的、有计划、有步骤地完成
	创造性、独立、自我承担地解决问题
	制作技能
	成果展示效果
	制作的经验归纳与总结

 任务考评

【知识巩固】

一、选择题

1. 丝网造型过程中不会用到的工具有（　　）。

A. 套筒　　　　B. 剪刀　　　　C. 钳子　　　　D. 胶水

2. 丝网造型材料主要有（　　）。

A. 铁丝　　　　B. 绿色花梗　　C. 彩色丝网

D. 弹力线　　　E. 花蕊

二、简答题

简述丝网花的发展概况。

 任务拓展

以丝网和铁丝为主要材料设计并制作新的丝网造型

【任务描述】

在本任务中，我们要用丝网和铁丝来设计并制作一些生活中的造型艺术品，作品完成后可将其作为礼物送给自己的朋友、亲人。

项目四　认识与制作幼儿园综合材料造型　171

【任务分析】

此任务包括 4 个工作环节：第一个环节是构思、绘制设计草图；第二个环节是寻找合适的材料与工具；第三个环节是制作；第四个环节是展示区的布置。

任务五　运用自然物造型

 任务目标

【知识目标】

1. 能说出自然物造型概念和常用的工具材料。
2. 能说出自然物造型材料的采用原则及自然物造型的一般表现形式。

18. 松球挂饰

3. 能利用自然物材料来设计幼儿园班级环境、生活环境和活动环境。

【能力目标】

1. 能运用自然物的独特质感来设计并制作不同的手工作品。
2. 能灵活运用粘贴、雕刻、拼摆等方法，增强动手实践能力。
3. 能融合其他艺术样式创新自然物造型的制作方法，提升手工作品的艺术表现力。

【职业素养目标】

1. 能养成对自然物材料加工、升华的创新意识。
2. 能树立团结合作意识与反思意识。
3. 能形成自然物造型的工艺技术素养。
4. 能培养观察能力、概括能力、创新能力。

 任务导入

幼儿园里，李老师和小朋友们正在布置教室，可李老师看来看去，觉得教室里还差些吊饰。可是，要做些什么呢？这些吊饰要既可以美化教室，材料又要新奇且来自大自然，你有什么想法吗？

自然界中的树枝、花朵、树叶、石块、五谷杂粮等都可以为我们所用，让它们在我们的手中绽放出不一样的光彩吧！

 任务描述

自然物造型是近年来幼教领域常常用到的艺术样式，自然物材料在日常生

活中极易获得，而且寻找材料的过程可以说是一个完美的亲子活动，有机会让家长与孩子共同参与，为增进家长与孩子之间的交流提供契机，也能使幼儿充分地亲近大自然，在大自然中寻找美，感受和体验美，再将自然物进行表现与创造。在这一任务中要能利用树枝、树叶、蔬果、石头、五谷杂粮等自然物进行造型，并能将自己的创作方法和制作流程及技巧进行复述。

 必备的知识

一、概念

自然物造型是指充分利用自然物本身所具有的形状、纹路、颜色、质地、大小等，通过因材施艺或因意选材等方法，对材料运用相应的加工手段，表达作者创作意图和思想情感的手工制作活动。

二、材料的采用

自然物材料要遵循安全无毒原则、自然环境保护原则和经济易得原则，幼儿自己去寻找而获得的材料更易激发其动手操作的兴趣。

如图 4-5-1～图 4-5-8 所示，即为一些自然物材料。

图 4-5-1 羽毛

图 4-5-2 贝壳

图 4-5-3 阳桃

图 4-5-4 蔬菜

图 4-5-5 竹子

图 4-5-6 树叶

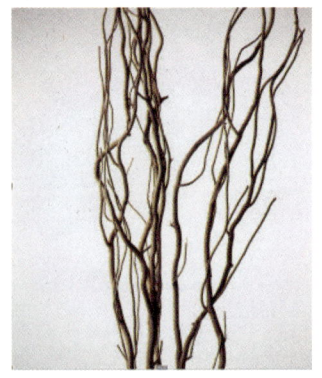

图 4-5-7 树枝

图 4-5-8 椰子

三、表现形式

对于自然物造型的表现形式，其造型设计可以因意选材或者由材施艺，制作方法可以是粘贴、描绘、雕刻、拼摆等，设计类型可以是平面造型、立体造型、半立体造型。如图 4-5-9～图 4-5-20 所示。

图 4-5-9 树枝大变身

图 4-5-10 苹果篓

图 4-5-11　美丽乡村

图 4-5-12　笨笨的企鹅

图 4-5-13　美丽的花盆

图 4-5-14　花环圈

图 4-5-15　寂静的树

图 4-5-16　菠萝猫头鹰

图 4-5-17　背呀背橘子

图 4-5-18　海绵宝宝出动

图 4-5-19　石头花

图 4-5-20　水果篮

四、方法列举

（一）粘贴法

将造型材料用乳胶、双面胶等直接贴在底板上或拼摆的组合连接处的方法。

（二）标本法

将经过消毒处理和科学加工后的小型动物、植物标本保持原样再进行艺术创作的方法。

（三）描绘法

利用自然物本身的形状、纹理、颜色、质地等，在想象的基础上，经过单色或多色的描绘，结合自然物本身的特质使之变得更加生动、多彩的方法。

（四）雕刻法

根据自然物本身的形状、纹理、颜色、质地等，进行艺术构思，再通过雕刻加工以及拼接造型，使之成为生动的造型的方法。

（五）拼摆法

根据自然物的形状、纹理、颜色、质地等，进行构思，进而拼摆并粘接的造型方法。

五、基本工具

自然物造型需要用到的基本工具如图 4-5-21～图 4-5-26 所示。

图 4-5-21　剪刀

图 4-5-22　美工刀

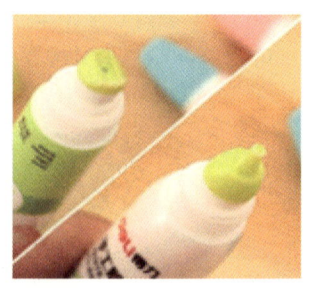
图 4-5-23　乳胶

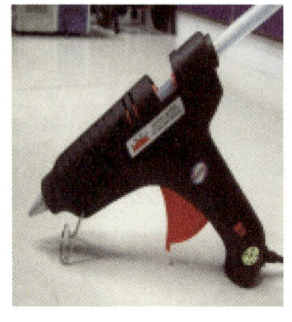
图 4-5-24　热熔胶枪

图 4-5-25　尺子

图 4-5-26　绳子

六、寻找灵感的途径

大自然是一个丰富多彩的物质世界，它为艺术创作提供了天然的素材。我们可以根据已有的经验，选择相关自然材料，激发创造美的情趣。

增加幼儿接触自然和社会的机会，使之更多地获得美的体验和获取社会生活的经验；鼓励幼儿运用学到的各种技能，并在亲自动手操作中来激发创作的灵感。

任务实施

活动设计：自然物造型

一、活动形式

欣赏大自然美景图片，感受不同自然物的不同特点，包括自然物的外形、颜色、纹理、材质的不同。感受不同自然物组合在一起所形成的不同视觉形象，在欣赏与讨论的过程中，得到美的体验和经验的累积。

二、活动时间

40 分钟。

三、活动目的

提升感受美的能力和创作能力。

四、活动步骤

步骤一：选定主题。

在设计制作中根据材料的特性、纹理、形状、色彩来进行构思和操作，也可以根据自己的主题思想或想表达的内容有针对性地去选择所需要的材料。

步骤二：具体构思如下。

构思好具体要做的手工作品，根据构思进行合理构图和制定出制作步骤，并准备好所需要的工具。

步骤三：具体操作如下。

① 将自然物材料进行整理和清洁。

② 将材料进行个别加工（可切割、涂色、粘贴等）。

③ 根据设计的制作步骤依次进行操作。

④ 将作品做最后的修改。

步骤四：成果展示，赏析评价。

步骤五：归纳总结经验。

 作业点评

任务名称	评价项目
运用自然物造型	有目的、有计划、有步骤地完成
	能创造性、独立或合作地解决问题
	自然物的创新利用及制作技能
	成果展示效果
	利用自然物，结合各种综合材料制作手工作品的经验归纳与总结

任务考评

一、多项选择题

1. 运用自然物构图时，哪些是构图需要考虑的因素？（　　）
   A. 颜色　　　　B. 形状　　　　C. 纹理　　　　D. 产地

2. 自然物造型可以有哪些表现形式？（　　）
   A. 粘贴　　　　B. 编制　　　　C. 描绘　　　　D. 雕刻

3. 下列选项中哪些是自然物造型中材料选取原则？（　　）
   A. 安全无毒原则　　　　　　　B. 色彩艳丽原则
   C. 自然环境保护原则　　　　　D. 经济易得原则

二、简答题

1. 简述自然物造型的概念。
2. 列举自然物材料的选取原则。
3. 自然物造型的表现形式有哪些？

 任务拓展

【任务一】

收集各类石头，做一组石头画，可以组合使用其他的综合材料，尽量做到贴近生活，具有当地特色。

【任务二】

不限材料，选择自己喜欢的自然物，设计制作出新颖、独特的单个造型或组合造型。

任务六　制作头饰

 任务目标

【知识目标】

1. 能说出头饰在幼儿园运用的范围。
2. 能说出头饰常用的表现形式、工具材料、方法步骤。
3. 能解释各类头饰的制作要点。

19. 兔子帽

【技能目标】

1. 能运用各类头饰制作的方法步骤，完成头饰制作。
2. 能根据幼儿园五大领域活动内容及幼儿园其他需要设计并制作头饰。

【职业素养目标】

1. 具有设计并实施手工造型的能力。
2. 能养成对头饰造型加工、升华的创新意识。
3. 能树立团结合作意识、自我评价与反思意识。
4. 能形成幼儿园环境设计的工艺素养，为适应今后幼儿园美术活动设计、教玩具制作与幼儿园环境布置的需要奠定基础。

 **任务导入**

头饰是指幼儿园教育教学和游戏活动中，师生头部所佩戴的角色或形象饰

物。其目的是调动幼儿参与活动的积极性、增强活动的趣味性。头饰通常有船帽式、锥形式、宽檐式、空顶式（头箍圈式）等几种类型。在幼儿园，头饰的运用十分普遍。

一顶有趣的头饰可以让孩子变成另一个人。头饰给了孩子们天马行空幻想的理由，戴上头饰的孩子可以变成绘本里的猫、仙境中的爱丽丝、神话里的英雄，或者是来自外太空的神秘人。一顶新奇的头饰可以使孩子们感知自己最特别的存在。

任务描述

在幼儿园和孩子们一起阅读故事时，书里会有一些有趣的插图，小张老师发现，孩子们无法仅仅通过图画去理解与体会神话里特有的奇异情节，难以激起孩子的想象进而引发孩子的阅读兴趣。因此，老师通常会准备与故事形象相关的教玩具，可以自己提前准备，或者可以在美工课上和孩子们一起准备。这就需要教师自己具备设计与制作此类教玩具的能力，同时还可以协助孩子完成他们想象中的玩具。

因此，本次任务是把繁复的纸艺步骤浓缩成能够轻易理解和实践的制作方法，为故事里的角色设计并制作头饰，提高学生为今后幼儿园活动进行教玩具设计与制作的能力水平。

必备的知识

一、制作头饰的材料选择

纸材：封面纸、浅色牛皮纸、绵纸、蜡纸、气泡纸、硬纸板、蛋糕纸托、羊皮纸、礼品包装纸、餐巾纸、复印纸、宣纸、毛边纸等以及各类免费的纸。另外，还有其他综合材料、废旧材料等。

二、制作头饰所需的工具

裁剪工具：裁纸剪刀、尖头剪刀、锯齿剪刀、花边剪刀和特殊刀具，以及切割垫、圆形打孔器、刻刀、美工刀、钳子、打孔器。

测量工具：不锈钢直尺、卷尺、圆规、圆形模板、硬铅笔、软铅笔。

粘合工具：各种胶带、热熔胶枪、热熔胶棒、喷胶、白乳胶、胶棒。

其他工具：弹力线、缝衣针、小木棒、水彩颜料、水性或油性蜡笔、花艺胶带、木质小夹子等。

三、头饰的常见基本造型

4 种常见的头饰造型如图 4-6-1 所示。

船帽式

锥形式

宽檐式

空顶式

图 4-6-1 常见头饰造型

（一）制作船帽式头饰

材料：长方形的彩纸一张。

制作步骤如下：

① 将长方形彩纸沿短边对折（图 4-6-2）；

② 顶部两角往中心折（图 4-6-3）；

③ 将下边剩余长条往上折，分两次折，一次折一半（图 4-6-4）；

④ 将纸翻转，重复步骤③（图 4-6-4）；

⑤ 左右撑开（图 4-6-5）。

图 4-6-2 基本船帽式头饰折叠步骤①

如此，一个完整的船帽式头饰造型完成。如图 4-6-6 所示。

图 4-6-3 基本船帽式头饰折叠步骤②

图 4-6-4 基本船帽式头饰折叠步骤③、步骤④

图 4-6-5　基本船帽头饰折叠步骤⑤

图 4-6-6　经过装饰的船帽式头饰

（二）制作基础锥形帽

材料及工具：长方形的彩纸一张，胶水、剪刀、三角尺。如图 4-6-7 所示。

制作步骤如下：

① 在长方形彩纸上画上基础锥形帽的模板，模板如图 4-6-8 所示。

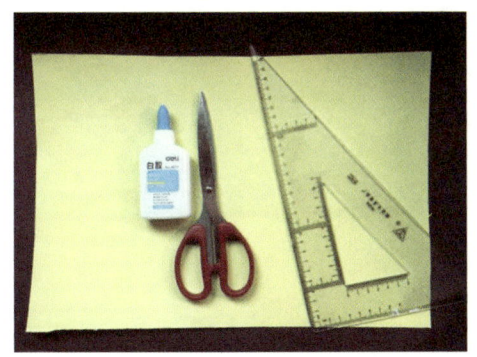

图 4-6-7　制作基础锥形帽工具材料

图 4-6-8　基础锥形帽模板图示

② 沿轮廓线裁剪材料；将阴影部分涂上胶，把它卷起来后粘贴；在基础锥形帽上进行装饰。如图 4-6-9 ～图 4-6-12 所示。

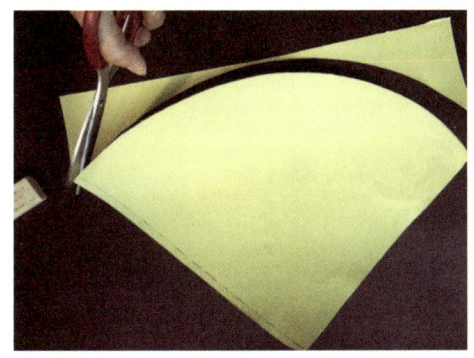

图 4-6-9　沿轮廓线裁剪材料

图 4-6-10　上胶

图 4-6-11　卷起来后粘贴　　图 4-6-12　在基础锥形帽上贴上装饰

如图 4-6-13 所示，即为一幅学生头饰作品。

图 4-6-13 《臭虫》（学生头饰作品）及图解

（三）制作基本宽檐式头饰

材料：瓦楞纸（纸板）、剪刀、铅笔、胶水、裁纸刀。

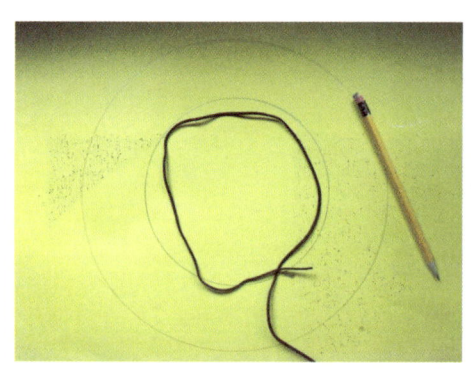

步骤如下：

① 用绳子测量小朋友头围，在纸板上画出头饰檐及头饰顶（图 4-6-14）；并用裁纸刀将其切割下来（图 4-6-15）。

② 制作头饰侧边（图 4-6-16）；

③ 切割裁剪（图 4-6-17）；

④ 把所有裁剪下来的零件（图 4-6-18）进行组合粘贴；

图 4-6-14　画出帽子的帽檐和帽顶

⑤ 完成后的基础宽檐头饰如图 4-6-19 所示。

（a）

（b）

图 4-6-15　画出头饰顶、檐并用小刀切割下来

图 4-6-16　绘制头饰侧边

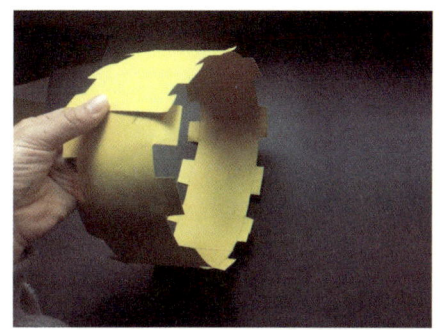

图 4-6-17　裁剪后的帽样

图 4-6-18　裁剪好的头饰配件

图 4-6-19　完成的基础宽檐头饰

如图 4-6-20 所示，即为一幅学生头饰作品。

（四）制作空顶式头饰

材料：卡纸、剪刀、铅笔、胶水、双面胶。

步骤如下：

① 设计形象，绘制或者裁剪；

② 制作头戴底圈；

③ 在基础头饰上进行装饰，即完成一幅空顶式头饰作品。

图 4-6-20 《魔法师帽子》(学生头饰作品)　　图 4-6-21　空顶式头饰作品

四、一幅完整头饰作品的制作方法与步骤

我们以兔子头饰的设计与制作举例，讲解完整头饰作品制作的方法与步骤。

① 绘制兔子头饰的设计草图（图 4-6-22）；

② 制作基础头饰；

③ 绘制出装饰基础头饰的裁剪模板，然后沿模板裁剪（图 4-6-23）；

④ 对基础头饰进行装饰。

如图 4-6-24 所示，即为一幅制作完成的完整头饰造型作品。

图 4-6-22　头饰设计草图

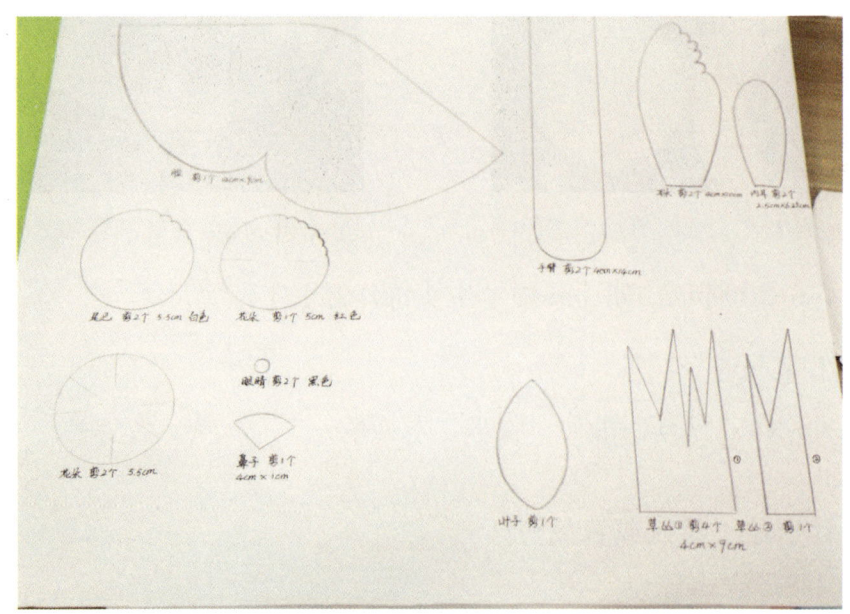

图 4-6-23　绘制兔子头饰装饰模板

图 4-6-24 《兔子头饰》(学生头饰作品)

 **任务实施**

活动设计:为故事里的角色设计并制作纸帽

一、活动形式

以小组为单位,每 6～8 人组成一个小组,每小组推举 1 名组长。

二、活动内容

模拟幼儿教师工作情景,完成纸帽的设计与制作。

三、活动时间

80 分钟。

四、活动目的

通过对纸帽进行设计与制作,提升教玩具制作能力,制订工作计划,创造性、独立、自我承担地解决问题,增强自己实施任务、经验归纳的能力。

五、活动步骤

步骤一:选择纸帽的设计对象。

小组成员一起阅读故事,在反复阅读中体会故事中角色所处的环境及其情感变化,提炼最能表达角色的内容,小组内讨论后确立设计对象。

绘本推荐

《月亮的帽子》（高木三五）

《拥有魔法帽子的小猫》（苏·亨德拉）

《米莉的帽子变变变》（喜多村惠）

《我要把我的帽子找回来》（乔恩·克拉森）

《天啊！错啦！》（徐萃、姬炤华）、《帽子》（简·布雷特）

（注：括号里为绘本作者）

步骤二：创意构思。

小组内运用头脑风暴法鼓励小组成员大胆说出自己的建议、新奇想法等，最终为纸帽的设计提供最佳创意。

专家支招

只要你用心挑选每一件材料的颜色、图案、纹理和材质，它们就能有机组合在一起甚至带给你意外的惊喜。能给你带来灵感的来源广泛，可以来自大自然、时尚理念、各式图案以及不一样的材料，比如风景地貌、天文地理、贝壳、昆虫，每一个你在大自然中看到的不可思议的完美配色、材质组合都能为你带来设计灵感；街头时尚、传统服饰、复古潮流、民族图案等时尚元素也会为你的创意添砖加瓦。

上网寻找灵感也是超级棒的主意。

步骤三：设计纸帽制作的流程。

学习组长组织小组成员展开短期讨论，确定本小组整体构想；小组长综合意见后，由各成员结合前述纸帽制作方法，根据整体思路设计一个相对独立的纸帽制作流程。

步骤四：根据制作流程完成纸帽的制作。

选定相关的材料和工具，根据制作流程独立或合作制作一个样式新奇的纸帽。为确保本小组作品的完整性，小组长需要实时关注与提醒本小组成员的工作进度。

组内作品完成后,小组长组织小组成员以设计展示作品的形式,完成集中展示前的排演。

步骤五:成果展示,总结评价。

展示的形式可以多种多样,如故事表演、T台秀等,进行展示预演。

步骤六:对纸帽设计与制作的经验进行归纳、总结,形成扎实的纸帽制作技能与协助幼儿制作纸帽的工作能力。

  作业点评

任务名称	评价项目
纸帽设计与制作	有目的、有计划、有步骤地完成
	创造性、独立、自我承担地解决问题
	纸帽制作技能
	成果展示效果
	纸帽制作的经验归纳与总结

  任务拓展

以纸板为主要材料为表演区设计与制作帽子展示架或展示台。

【任务分析】

本任务中,我们要用废旧物品等综合材料,如纸板、纸箱、木头等为帽子设计并制作帽子展示架或展示台。

此任务包括4个工作步骤:第一步是构思、绘制设计草图;第二步是寻找合适的材料与工具;第三步是制作展示台(架);第四步是放置帽子。

项目五

认识与创设幼儿园环境

 项目概况

　　环境作为幼儿园的"隐形课程",是幼儿成长教育过程中的无声教科书。《幼儿园教育指导纲要(试行)》中指出:"环境是重要的教育资源,应通过环境的创设和利用,有效地促进幼儿的发展。"在创设环境时,教师要结合课程,关注环境的隐性作用。可是,部分幼儿园在环境创设中存在一些误区,严重违背了幼儿园环境创设的基本原则,如只追求外在形式,没有发挥环境的教育作用,放大了环境的美化作用,幼儿的参与度低等。本项目通过认识幼儿园环境创设,创设区角环境、创设主题活动墙 3 个任务,帮助学生了解进而掌握环境创设的方法,培养学生对幼儿园整体环境创设的人文设计意识。

任务一　认识幼儿园环境创设

 任务目标

【知识目标】

1. 能说出幼儿园环境创设的概念、创设原则及教育意义。
2. 说出幼儿园空间环境的基本构成。

3. 说出国内外幼儿园环境创设的现状。

【技能目标】

1. 能规划幼儿园活动室所要创设的活动区的种类及数量。
2. 能绘制大班、中班、小班活动室区域规划平面图。
3. 能制作小型幼儿园活动室模型。

【职业素养目标】

1. 能获得幼儿园整体环境创设的人文设计意识。
2. 能懂得幼儿园环境创设的意义,感受环境创设带给孩子的教育影响。

 任务导入

小甜是一名幼儿园实习教师,最近有一件让她很烦恼的事情,她实习的幼儿园要进行环境创设。虽然看到幼儿园老师上次做的环境创设,但是这次需要由她自己单独来进行创设,可是她却连什么是幼儿园环境创设都不知道,更别说幼儿园环境创设的原则了。今天我们就来了解一下幼儿园环境创设。

 任务描述

环境是重要的教育资源,应通过环境创设和利用,发挥环境的作用。通过本任务完成认识幼儿园环境创设,学习幼儿园环境创设的原则。可以走出幼儿园环境创设的误区,创设幼儿需要的环境,真正体现幼儿是幼儿园环境的主人,促进幼儿全面发展。

本次任务是认识幼儿园环境,需要通过以下两个环节完成任务。

第一个环节,分析国内外幼儿园环境创设案例及反思。

工作程序:国内外特色幼儿园案例的收集、整理;分析国内外幼儿园教学环境,分享心得。

第二个环节,运用综合材料制作中班幼儿活动室立体模型。

工作程序:规划幼儿活动室所要创设的活动区的种类及数量;绘制大中小班区域规划图;运用综合材料制作中班幼儿活动室立体模型。

 必备的知识

一、概述

幼儿园环境是指幼儿身心发展所必须具备的一切物质条件和精神条件的总

和。按其存在形式来分，可以分为室内环境和室外环境。其中，室内环境包括教室、走廊、活动室等；室外环境包括操场、园门、门厅等。按其组成性质来分，可以分为物质环境和心理环境。幼儿园物质环境主要包括生活设施、教玩具材料设备等有形的物质；幼儿园精神环境主要包括集体氛围活动气氛、心理因素构成的一个复杂的环境系统，它与幼儿园的物质环境共同构成了幼儿园环境的整体。

在幼儿园教育活动中，环境是"隐形课程"，在开发智力、促进幼儿良好个性发展等方面起着重要作用，也越来越引起广大幼教工作者的重视。教育部颁布的《幼儿园教育指导纲要（试行）》中提出："环境是重要的教育资源，应通过环境的创设和利用，有效地促进幼儿的发展。"如图 5-1-1 ～图 5-1-3 所示。

图 5-1-1　幼儿园室外环境（一）

图 5-1-2　幼儿园室外环境（二）

二、环境创设的设计原则

既然我们意识到幼儿园环境的重要性，就要明白孩子需要什么样的环境。那么，我们应该遵循什么原则创设孩子需要的环境呢？

（一）教育性

在环境创设时要目标明确，与教学内容相一致，因为环境除了可以用来欣赏，还要为课程服务。主题墙、区域活动等是在课程实施中环境的一部分，它们以直观、形象的方式记录下已经开展的或正在开展的课程，使课程得以不断地延伸，达到促进幼儿智力、想象力、思维能力等不断发展的目的。如图 5-1-4 所示。

图 5-1-3　幼儿园室内环境

图 5-1-4　以秋天为主题的主题墙创设

（二）适宜性

处于不同的年龄阶段，幼儿的身心发展存在着差异。创设环境要充分考虑每个幼儿的特点，包括幼儿的动机、需求、兴趣、能力、性格特点等，使环境尽量体现个性化。幼儿的好奇心特别强，追求对事物的新鲜感，这也要求教师在创设环境时不能一成不变，要随着幼儿的兴趣变化及时增补或修正环境。

（三）艺术性

幼儿的世界应该是美丽的，在幼儿园，他们眼睛所触及的每一处都应该是美的，是一种经过精心设计又不留痕迹、源于自然又超出自然的美。在这种自然美的熏陶过程中，让幼儿们欣赏美、感受美、创造美。在崇尚环保的世界主题下，我们首选质朴清新的材料来进行幼儿园的环境创设，如麻布、棉绳、报纸、纸杯等；还要注意色彩与造型的整体性，切记不要装饰得令人眼花缭乱。要让幼儿在不断的收集、观察、创造、欣赏中使自己的审美能力得到发展。如图 5-1-5～图 5-1-7 所示。

图 5-1-5　以青花瓷为主题的区角创设

图 5-1-6　楼梯转角的环境创设

（四）主体性

幼儿是幼儿园这个环境中真正的主人，而多年以来幼儿主人的地位是被剥夺了的。在环境创设的过程中教师总是大包大揽，没有认识到环境的教育性不仅蕴含在环境之中，还蕴含在环境创设的过程中。如图5-1-8、图5-1-9所示。陈鹤琴先生指出："通过儿童的思想和双手布置的环境，可使他对环境中的事物更加认识，也更加爱护。"

图 5-1-7　白桦树装饰

图 5-1-8　用青花装饰物件

（五）安全性

安全是幼儿园创设环境的基本原则。因此，教师在创设环境时必须考虑到幼儿的心理安全和身体安全两方面：一是心理安全方面，教师要创设一个让孩子感觉到温暖的环境，并能通过环境感受到教师的关爱和呵护；二是身体安全方面，教师利用丰富的材料进行环境创设，给幼儿以不同的感受和情感体验，以及材料带给幼儿色彩、造型等的好奇心。这些材料必须是安全、卫生的，严禁使用有毒的材料，尽量选择圆润、无尖角的材料。教师在进行环境创设时，可以利用生活中的自然物如树叶、树枝、石头、贝壳等进行布置，还可以带领幼儿收集废旧物品，幼儿能够通过废旧物品的再利用，培养自己的环保意识。如图5-1-10～图5-1-18所示。

图 5-1-9　作品展示

图 5-1-10　废旧物利用

图 5-1-11 环境创设——排排队

图 5-1-12 室内区角

图 5-1-13 楼梯展示

图 5-1-14 室内悬挂展示

图 5-1-15 走廊展示

图 5-1-16 窗台一角

图 5-1-17 小农场

图 5-1-18 跳房子

任务实施

一、活动形式

小组合作。

二、活动内容

认识与了解幼儿园环境创设。

三、活动时间

120 分钟。

四、活动目的

1. 说出幼儿园环境创设的概念、原则、教育意义和功能。

2. 说出幼儿园空间环境的基本构成。

3. 说出教师和幼儿在环境创设中的不同作用。

4. 了解国内外幼儿园环境创设的现状并进行反思。

5. 为后面布置幼儿园区角活动和制作主题墙打下坚实的理论基础。

五、活动步骤

活动环节一：分析国内外幼儿园环境创设案例及分享。

第 1 步：国内外幼儿园环境创设案例的收集、整理。

以小组为单位把收集到的各类幼儿园案例进行分类整理，并上传到学习群。

专家支招

数字化信息的快速搜集与整理

我们身边的信息量正在飞速增长，养成搜集信息和整理信息已经成为一个必须养成的习惯。

一个完整的过程应如图 5-1-19 所示。

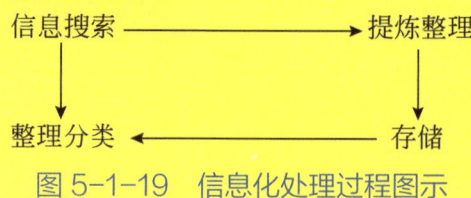

图 5-1-19　信息化处理过程图示

"信息搜集及整理"包含以下 3 个关键阶段。

搜索："找信息"——用各种搜索渠道快速找到所需的精准信息。

集成："存信息"——简单来说，就是把你找到的信息，定制成为个人资料库，按照自定义的主题，分类存储在自己方便访问的地方。

整理："理信息"——对信息只是单纯集成而不加整理，时间长了就会杂乱不堪，所以需要及时整理。

第 2 步：特色幼儿园案例分享。

小组成员在组长的组织下明确分享内容，建立工作小组、敲定分享形式；并在组内进行人员任务分工、敲定小组成员职责，如谁进行数字化信息展示、谁负责介绍及解说等。小组成员协商各人职责时应注意发挥小组成员的优势。

活动环节二：利用综合材料制作幼儿活动室立体模型。

第 1 步：规划幼儿园活动室所要创设的活动区的种类及数量。

知识链接

幼儿园常见的活动区角种类	
美工区	美工区的活动包括绘画、泥工、纸工、立体塑造、拓印等。美工区的材料投放须多元化，便于开展丰富多样的美工活动，获得多彩的生活体验，培养幼儿的创造性
建构区	建构区是幼儿进行建构游戏的一个区域。幼儿通过操作各种建构材料，如积木、积塑等发展堆高、平铺和重复、架空、围合、模式、表征等建构技能，同时可以学习数学，建构对物质世界的认知，增加对周围生活的了解
科学区	科学区提供与科学相关的内容，如声、光、电、磁铁、力、水、空气、动植物认知等方面的相关材料，幼儿可以开展自我观察、自主探究的科学活动
角色区	角色区通过提供各种材料，供幼儿进行角色扮演，以体验不同的社会生活。教师可以根据班级幼儿的年龄、兴趣和生活经验，选取不同的角色材料，设计不同的角色游戏区，例如娃娃家、商店（超市）、医院、烧烤店、理发店、交通岗、糖果店、蛋糕房、银行、餐厅、小学教室等
阅读区	阅读区的材料皆与书有关，幼儿在阅读区可以进行图书阅览、自制图书、图书修补等活动
表演区	表演区的活动主要包括音乐歌舞表演、故事表演、装扮活动等形式
益智区	益智区通过投放一些能促进幼儿观察、比较分析、推理判断的材料，引发幼儿思考，进行操作
生活操作区	生活操作区主要开展抓、夹、舀、倒、串、扣扣子、编织、刺绣等活动，训练幼儿的手眼协调能力和自我服务能力，着重训练幼儿手部小肌肉的精细动作

第 2 步：绘制大班、中班、小班活动室区域规划平面图，如图 5-1-20 所示。

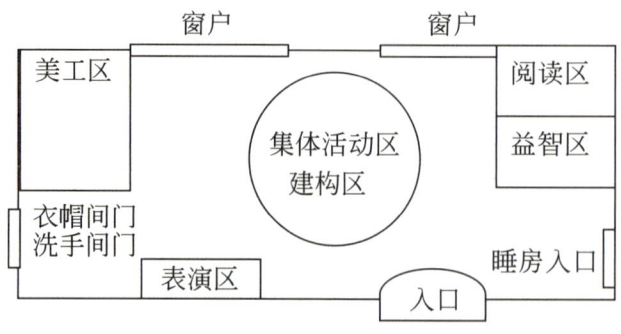

图 5-1-20　活动室规划图

专家支招

如何规划幼儿园活动区

（1）动区和静区尽量分开，避免互相干扰。

（2）活动室内的"交通路线"力求畅通无阻，以免产生拥挤、碰撞等情况，最好留出一块供集体活动用的区域。

（3）避免出现死角，即教师的视线应能随时随地看到任何一个活动区域。

（4）区域之间应有适当的"封闭性"，区域之间要有明显的界限。

（5）应符合各区域的活动特点和要求。

第 3 步：制作小型幼儿活动室立体模型，含区域隔断、教室桌椅、置物架等。

 作业点评

任务名称	评价项目	评价内容
认识幼儿园环境	分析国内外幼儿园环境创设案例并分享	能收集、整理数字化信息
		职责分工是否合理，成员间能否相互协作、相对独立地解决问题
		工作过程中参与课程讨论、案例分析以及与其他学生的互动是否表现积极
		能对幼儿园环境创设案例进行观察、分析、反思与分享，语言表述是否清楚、恰当
	制作幼儿活动室立体模型	活动区的种类及数量合理与否
		布局图的设计与绘制效果的水平如何
		活动室模型的比例、制作水平、材料的选择是否合理

□ 任务考评

【知识巩固】

一、单项选择题

1. 幼儿园的环境创设主要是指（　　）。
A. 安装塑胶地板
B. 创设合格的物质条件和良好的精神环境
C. 购买大型玩具
D. 选择较清静的场所

2. 环境与教育目标相一致的原则是指环境的创设要体现环境的（　　）。
A. 艺术性　　　B. 参与性　　　C. 教育性　　　D. 目的性

3. 幼儿园环境创设要符合幼儿的年龄特征及身心健康发展的需要，促进每个幼儿都能全面、和谐地发展，这体现了幼儿园环境创设的（　　）原则。
A. 环境与教育目标的一致性　　B. 适宜性
C. 主体性　　　　　　　　　　D. 安全性

二、简答题

1. 简要说出幼儿园环境创设的概念、原则、教育意义和功能。
2. 简述教师和幼儿在环境创设中的不同作用。
3. 请分析国内外幼儿环境创设的现状并反思，用表格的形式呈现。

任务二　创设区角环境

 任务目标

【知识目标】

1. 能说出幼儿园区角活动的概念。
2. 能区分幼儿园区角活动的类别。
3. 能说出幼儿园区角环境创设的方法。

【技能目标】

1. 能合理、有效地创设幼儿园区角环境，适应不同主题、不同特色活动的要求。

2. 能合理、有效地投放材料，适应不同主题、不同特色活动的要求。

【职业素养目标】

1. 提升创造性思维。

2. 提升材料资源开发能力。

3. 形成环境育人的教育理念。

 任务导入

区域环境作为幼儿园重要的教育环境之一，被广大教育工作者所重视。在区域环境里开展的区角活动是幼儿园活动的重要组成部分，为幼儿提供更多自主和表现的机会，让幼儿的个性得以充分展现，更有利于幼儿身心的发展。

美工区是幼儿园区角环境的一种。在美工区角里幼儿在宽松、愉快的环境中尽情发挥创造性思维，展现自己的创造潜能。幼儿可以根据自己的兴趣和愿望选择材料进行美工活动，表达自己的想法。美工区的存在由此也保护了幼儿对美术活动的信心和兴趣。

 任务描述

如果你是一名幼儿园教师，马上要开学了，幼儿园领导安排本学期重新进行区角活动的创设，并以美术作为幼儿园特色，要求教师进行美工区的设计与布置。你准备如何做呢？

 必备的知识

一、区角活动的概述

区角活动，又叫区域活动或活动区活动，是教师根据幼儿的发展现状和发展目标，创设丰富有趣的、多样性的学习环境（活动区），提供有深度、有层次的活动材料；幼儿根据自己的兴趣和能力在自由、宽松的环境中自主选择、操作和探索材料，在环境中有效、系统地进行活动，通过与材料、同伴及教师的互动而获得知识和经验的活动，从而得到全面发展。如图5-2-1～图5-2-5所示。

图 5-2-1　区角活动——我们在给娃娃治病

图 5-2-2　积木区

图 5-2-3　娃娃家

图 5-2-4　益智乐园

二、开展区角活动的意义

1. 促进幼儿自主参与活动，自发地学习。

2. 增进幼儿之间、师生之间交流，培养幼儿交往能力。

3. 锻炼幼儿动手操作能力。

4. 培养幼儿好奇好问的能力。

5. 增强幼儿的表现力，促进幼儿社会性的良好发展。

图 5-2-5　泥工

区角活动如何进行创设呢？美工区是幼儿园区域活动中不可缺少的活动之一，接下来我们以美工区为例来谈谈创设区角活动的要素吧！

三、美工区的设计

美工区里孩子们看似简单的画线、撕纸、玩泥等,其实可以培养幼儿的手眼协调能力,想象力和创造性思维,并体验到美术活动的乐趣。老师们想好了怎样布置美工区了吗?今天我们就从美工区的区域牌、区域规则、材料的投放与收纳、吊饰等聊聊美工区的设计吧。

(一)区域牌

区域牌是区角活动的小招牌,具有独特创意的区域牌会更吸引幼儿的眼光哟(图5-2-6、图5-2-7)。在幼儿园的活动室中,美工区标识的名称和呈现是丰富多彩的。名称可以是美工区、美工坊、巧手天地、涂涂画画、创意美工等,也可以根据美工区正在进行的活动内容来命名,例如撕贴工坊等。可以将标识布置在美工区的墙面上,也可以悬挂在美工区中。

针对区域牌的设计,我们可以选择应用绘画里的重要元素,如颜料、画笔和调色盘等,这样别人一看就知道是美工区了。

图5-2-6 艺术创想区域牌

图5-2-7 米奇创意区域牌

(二)区域规则

清楚、明确的区域规则,能培养孩子的规则意识,也可以让美工区更加整洁、有序。在区域规则的制作方面,我们可以选取卡通文字加图画的方式,其中以图画为主,方便幼儿看懂。如图5-2-8~图5-2-10所示。

图 5-2-8　星球美画家区域规则（培根幼教）　　图 5-2-9　我们的公约（培根幼教）

（三）材料的投放与收纳

美工区的材料要丰富多样，要投放符合幼儿年龄特点的材料。如果老师不能有意地设计摆放方法和位置，就会让幼儿无从下手。应该将不同的美工材料按选用尺寸、形状或颜色来放置。这样能让大家对美工区的材料一目了然，便于幼儿取放不同的材料和归还原处。如图 5-2-11～图 5-2-13 所示。

图 5-2-10　我们的约定　　　　　　　图 5-2-11　材料摆放

图 5-2-12　材料、工具收纳　　　　　图 5-2-13　美工区

把小桶、塑料筐等盛放工具挂在墙上，提高了空间利用率（图 5-2-14）。胶带如图 5-2-15 所示的这样放图 5-2-15，既方便孩子使用，还不用担心会丢失。

图 5-2-14　挂在墙上的材料

图 5-2-15　来点双面胶吧

其他的一些有关材料投放与收纳的奇思妙想，如图 5-2-16～图 5-2-18 所示。

图 5-2-16　借形想象

图 5-2-17　整整齐齐地放好

（四）吊饰

下面的几种吊饰使用的是美工区的几种常用工具，很具特色。

1. 用树枝做的吊饰，自然气息扑面而来（图 5-2-19）。

图 5-2-18　可移动的架子

图 5-2-19　小小的树枝

2. 废旧材料变变变（图 5-2-20 ~ 图 5-2-23）。

图 5-2-20　自画像

图 5-2-21　作品再添画

图 5-2-22　鞋子变变变

图 5-2-23　水拓画

3. 利用架子和夹子可以展示更多的作品，如图 5-2-24、图 5-2-25 所示。

4. 利用"屏风"展示，满满的"中国风"味道（图 5-2-26、图 5-2-27）。

图 5-2-24　作品展示架

图 5-2-25　希望树

图 5-2-26　屏风

以上分别介绍了美工区创设的各个要素，下面我们来看看将这些要素组合在一起后的美工区整体的环境创设吧！如图 5-2-28 ~ 图 5-2-30 所示。

图 5-2-27　展示板

图 5-2-28　涂鸦坊

图 5-2-29　美工坊

图 5-2-30　创意美工坊

看完今天的分享内容,你们有灵感了吗?关于美工区的布置,还需要考虑本班的发展水平、原有经验和本班的主题,切忌生搬硬套。

任务实施

一、活动形式
以小组为单位。

二、活动内容
创设美工区。

三、活动时间
80 分钟。

四、活动目的
1. 知道幼儿园区角活动的概念和分类,并能说出幼儿园区角活动设计与布置的方法。

2. 能分辨幼儿园的区角活动,并能够合理、有效地选择投放材料和材料管理地，进行幼儿园美工区活动的环境创设。

3. 欣赏幼儿园区角活动图片，并能发表自己的看法，萌发对幼儿园区角活动设计的兴趣。

4. 能在美工角设计过程中体验到作为幼儿教师所拥有的幸福感。

五、活动步骤

第一环节：分析优秀的幼儿园美工区创设案例。

第①步：对国内外优秀的幼儿园美工区活动创设案例进行收集与整理；以小组为单位把收集到的各类区角活动案例进行分类整理，并上传到学习群。

第②步：小组分工，推举擅长解说的组员向全体同学介绍所收集的美工区创设案例。

第二环节：模拟布置幼儿园美工区。

第①步：制定幼儿园美工区创设方案与任务分配方案。

> **专家支招**
>
> 幼儿园美工区创设的要素包括区域牌、区域规则、材料投放与收纳、吊饰、作品展示墙。结合美工区要素的设计要求，根据方案里的构思，每个成员完成至少一个美工区要素并交给小组长审核。小组长除了完成自己的任务外，还需要随时掌握各小组成员的设计进程。收齐美工区所有要素后，小组进行讨论，并在小组长的带领下进行布置。美工区布置完成还需根据需要进行一定的修正。

第②步：制作美工区标识。

> **专家支招**
>
> **如何制作活动区标识？**
>
> 活动区的标识应清晰并易于被幼儿识别，教师可以通过相关活动区的文字、图片或装饰物帮助幼儿认识、区别各个区域，还可以在各区域张贴部分材料的操作指南，让幼儿通过简单的图示步骤进行学习、探索。操作指南可以贴在各个活动区的柜壁、墙壁的下半部、柜面等处。

第③步：布置美工区展示栏。

展示栏或作品角是美工区必不可少的设置项目，用以展示幼儿的美工作品，从而提高幼儿对美工活动的兴趣。将孩子的美术作品平贴在展示栏或作品角，这是教师常用的一种展示方式。在布置展示栏的同时，教师也可以根据活动内容适当布置美工区墙面。

> **专家支招**
>
> **如何布置美工区展示栏**
>
> 教师可以用即时贴、彩色纸或丝带做一个大的框架，框架的形状可以是正方形、长方形、心形、圆形、伞形、蘑菇形及其他形状，然后将幼儿的美术作品框起来进行展示，这样看上去更醒目、更吸引人。张贴作品的高度要与幼儿而非成年人的水平视线高度一致。将部分幼儿美术作品摆在桌子上或架子上展示也是一种较好的方式。如果某一次活动的作品过多，教师还可以在教室高处拉一根绳子，将幼儿的美术作品悬挂在上面，这样不仅可以节省活动区的空间，避免影响幼儿的正常活动，而且还能使幼儿随时抬头欣赏自己的作品，带给他们满足感和自豪感。

第④步：制作美工区材料标识。

在摆放好的美工材料的容器壁上贴上标识，不仅可以使幼儿知道到何处可以找到以及用完后该放回哪里，而且也会使整理工作变得非常容易。贴标识时，要考虑必须让幼儿能够看懂标识，可以采取贴图片或贴些材料标本的方式，以标识其中所装的材料。

第⑤步：制作美工区进区卡。

任务中美工区的人数限制是 5 人，教师要制作 5 张进区卡，以控制美工区的人数。进区卡的类型可以多种多样，但必须符合幼儿各层次水平的需求。常用的进区卡类型有佩挂卡、母子卡、书写卡等。进区卡的制作要简便，不要过于复杂，要适合幼儿的年龄特点，要让幼儿使用方便，要安全、耐用、可反复使用。

第⑥步：制作美工区活动规则图示。

第⑦步：模拟幼儿园进行美工区布置。

第三环节：按小组制作的区角设计与布置进行展示说明。

各小组在自己创设的美工区角进行作品展示与说明。应从以下几个方面说明：

① 简述美工区的设计与布置思路和过程感受；

② 简述在创设过程中材料运用的意图；

③ 简述美工区对幼儿发展的重要性。

作业点评

任务名称	评价项目
美工区的创设与布置	有目的、有计划、有步骤地完成
	能与小组成员协作完成任务
	清楚美工区创设要素
	成果展示效果
	美工区创设的经验归纳与总结

任务考评

一、单项选择题

幼儿园区域活动种类中属于艺术领域的是（　　）。

A. 建构区　　　　　　　　　B. 积木区

C. 语言图书阅读区　　　　　D. 美工区

二、多项选择题

幼儿园美工区创设的要素有（　　）。

A. 区域牌制作　　　　　　　B. 区域规则

C. 材料投放与归纳　　　　　D. 吊饰

任务拓展

【做一做】

【任务描述】

在本任务中，我们要以大班幼儿教师的身份设计与组织小班美工区的泥工活动——"古朴的陶罐"。美工区入区人数为6人。

【任务分析】

此任务的工作程序为：制定美工区"古朴的陶罐"活动方案；投放相关手工材料；实施"古朴的陶罐"泥工活动；分享和展示幼儿泥工作品。如图5-2-31～图5-2-33所示。

图5-2-31　"古朴的陶罐"所用材料

图 5-2-32 "古朴的陶罐"作品展示　　图 5-2-33 "古朴的陶罐"作品展示区环境

任务三　创设主题活动墙

任务目标

【知识目标】

1. 能说出主题活动墙的含义。
2. 掌握主题活动墙的设计要点。
3. 能自主分析创设主题活动墙的意义。

20. 会说话的主题墙

【技能目标】

1. 能围绕主题设计主题活动墙创设网络图。
2. 能够综合所学手工技法，创造符合幼儿身心发展、学习的主题墙。

【职业素养目标】

1. 能通过有效的小组合作，人人参与创设过程，得到锻炼机会，具备集体合作和主动探求的精神。
2. 能够学会鉴赏并分析主题墙类型、步骤，展示自己的作品并表达自己的想法，为适应今后幼儿园主题活动设计与幼儿园环境布置的需要奠定基础。

任务导入

幼儿园环境创设能力是作为幼儿园教师的重要核心能力之一，创设主题活动墙是幼儿园环境创设中的重要组成部分，也是幼儿教师手工综合能力及创造力的表现。

主题活动墙主要是指墙面创设的内容与课程或活动相关，设置主题活动墙的目的是让学生可参与、教师教学可再现、家长可融入，而不是单一的装饰作用。本任务以创设主题活动墙为载体，意在锻炼及检验学生手工能力及创造力，能够进一步了解并掌握创设主题墙的工作内容及基本工作流程，初步完成主题活动墙的创设。

任务描述

根据工作要求，大班教师需完成"会说话"的主题墙——"多彩的土家族"的创建工作，主题墙要考虑幼儿的参与度的设置、教学内容的反馈、家长融入的体现，利用主题网络图确定主题墙的内容及表现形式、材料的选择、排版的规律、颜色的搭配，并能制作出样板。

必备的知识

一、主题活动墙的含义

主题活动墙是指幼儿活动室中面积最大、最醒目的、最能有效利用且能够及时更换的、围绕一个或多个主题的墙饰环境，并且墙饰内容包括幼儿参与的表现、反映教学内容以及与家长的互动效果，是教育教学的重要联动形式，是区域活动的组成部分。

二、主题活动墙的设计要点

（一）色彩选择得当，搭配协调

主题活动墙色彩选择应根据幼儿喜爱明亮色彩的心理特点，在色彩选择上以明亮、鲜艳、柔美等色泽自然的色彩为主。合理利用对比色、同类色的不同明度、饱和度、色相的和谐搭配，确保版面的整体美感。注意前景与背景的色彩构成，前景主要指标题、文字、主题内容，背景指的是大面积底色、装饰图案等，协调好前景色与背景色的颜色搭配。切忌喧宾夺主，颜色过多过杂，无法突出主体。

主题活动墙色彩搭配可选择源于自然的色彩，如牛皮纸原色、木条原色，以及橙色、红色、黄色、蓝色、绿色等明快的色彩；而低沉、稳重的色彩一般不适合儿童。应始终注意画面的整体美，保持主色统一，局部色彩搭配变化；注意整体协调感，不凌乱花哨，使环境创设更具有艺术性。如图5-3-1～图5-3-4所示。

图 5-3-1　主题墙《我们在春天里》

图 5-3-2　主题墙《迷彩小军营》

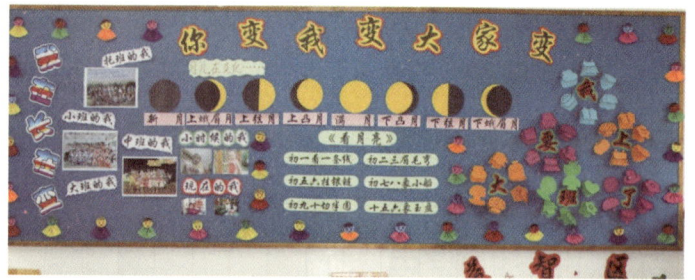

图 5-3-3　主题墙《你变我变大家变》

图 5-3-4　主题墙《春天的树》

(二)排版的规律

主题活动墙内容大多以图片、文字及其他综合材料布置为主,将它们进行点、线、面的纵(横)向合理布局,保持构图中的趣味性、独创性,合理地统一形式与内容,强化整体布局,才能取得版面构成中的独特性与艺术性。

在进行创造性构图前,需掌握以下几项基本的排版规律。

1. 3种对齐方式。如图5-3-5所示,为排版的3种对齐方式。

图5-3-5 排版的3种对齐方式

2. 基于点的排列。将图画、文字等主题活动墙内容围绕圆环进行排列,圆环的圆心就是我们所基于的点。如图5-3-6、图5-3-7所示。

 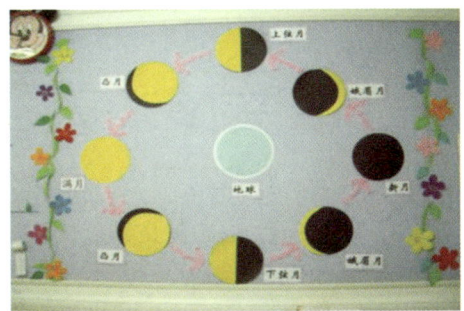

图5-3-6 基于点的排列(一)　　图5-3-7 基于点的排列(二)

3. 基于线的排列。将图画、文字等主题活动墙内容按照线的规律进行排列,在视觉上具有延伸性,既可分割画面,也可使画面具有流动性(曲线),还可使画面具有稳定性(直线)(图5-3-8、图5-3-9)。

图5-3-8 基于线的排列——流动性　　图5-3-9 基于线的排列——稳定性

4.基于面的排列。基于面的排列，要把握面与面之间排版的和谐，可将面分为几何形和自由形两大类（图 5-3-10、图 5-3-11）。几何形是根据固有的底框或形状设置，主题活动墙内容直接在其内进行创设；自由形看似自由摆放，但始终紧紧围绕主题的排版，都有一定规律可循，错落有致，起伏得当。这些排版的规律和技巧需要同学们在日常工作学习中不断练习，培养审美意识。

图 5-3-10　基于面的排列——几何形　　图 5-3-11　基于面的排列——自由形

布局要符合幼儿年龄特征，高度、大小、排版的确定都须遵从为幼儿服务的宗旨。

三、材料选择可多元化

我们在手工前期学习中，已经学会了各种材料的使用，制作主题墙就是检验和锻炼手工综合能力的时机。在材料选择方面根据主题墙内容，自行选择（图 5-3-12）。其中可让家长与小朋友共同收集各种废旧物品，如报纸、纸盒、矿泉水瓶、奶粉罐等；收集各种充满本土特色的材料，如木棍、种子、树叶、绳子等，将其融入墙饰当中。让家长与幼儿共同参与主题墙制作的活动，提高了家长们的参与度，拓展了幼儿的视野，丰富了幼儿的知识；并且培养了幼儿废物利用的美德，不仅起到美化环境的作用，还遵循了教育的规律。如图 5-3-13 所示。

（a）　　　　　　　　　　　　　　（b）

图 5-3-12　自然材料的运用

四、主题活动墙内容的幼儿体验

陈鹤琴先生说过:"环境的布置要通过儿童的大脑和双手。"在真正的幼儿园主题墙创设工作中,要学会关注幼儿的兴趣点,学会倾听幼儿的想法,与幼儿共同收集材料、共同创设主题墙内容,使创设过程成为幼儿学习的过程,激发幼儿创设环境的积极性,留下幼儿

图 5-3-13　幼儿参与制作主题墙

学习和探究的脚印。主题墙内容随幼儿的学习、生活的变化而不断更新,作为教师,对于课程安排和主题墙设计要有统筹规划,呈现的主题应具有课程连续性、脉络清晰、标题明确,让人一目了然。

通过幼儿的思想和双手所布置的环境可使他们对环境中的事物更加了解、更加爱护。主题活动墙创作过程中要注意幼儿的个体差异,充分发挥幼儿的主体地位,引导幼儿参与制作、创设,在动手过程中体验制作的快乐以及获得成功的成就感。

设计与主题墙相关的课堂内容,在课程中孩子们可以愉快地完成"工作",老师们也不必再熬夜加班赶主题墙的制作了。前提是身为老师的你必须懂得设计主题墙的网络图并与课堂教学相结合,你能做到吗?接下来让我们一起来学习主题活动墙的制作吧!

 任务实施

活动设计:制作主题活动墙——"多彩的土家族"

一、活动形式

以小组合作、6 人为一组的形式制作主题活动墙——"多彩的土家族"。

二、活动时间

4 节课。

三、活动目的

提升学生手工综合能力水平,制订工作计划,创造性地、自我承担地解决问题,提升实施任务、经验归纳的能力水平。

四、活动步骤

工作环节一:确定主题墙制作计划。

第①步:制订"多彩的土家族"这一"会说话"的主题墙制作计划。

小组长组织小组成员讨论"多彩的土家族"这一"会说话"的主题墙制作计划；方案确定后，根据各自意愿和能力分配工作。

第②步：设计"多彩的土家族"主题网络图。

通过网络、书籍查询关于土家族相关的资料，设计网络图，如土家族历史起源、衣食住行、风俗习惯、民间艺术形式、语言、民间游戏等。

专家支招

在幼儿园工作中，此环节要让幼儿共同参与，引导幼儿讨论"多彩的土家族"这一主题，了解幼儿对主题内容中最感兴趣的问题，由此确定主题墙内容。

① 围绕主题构思思维导图（图 5-3-14）。

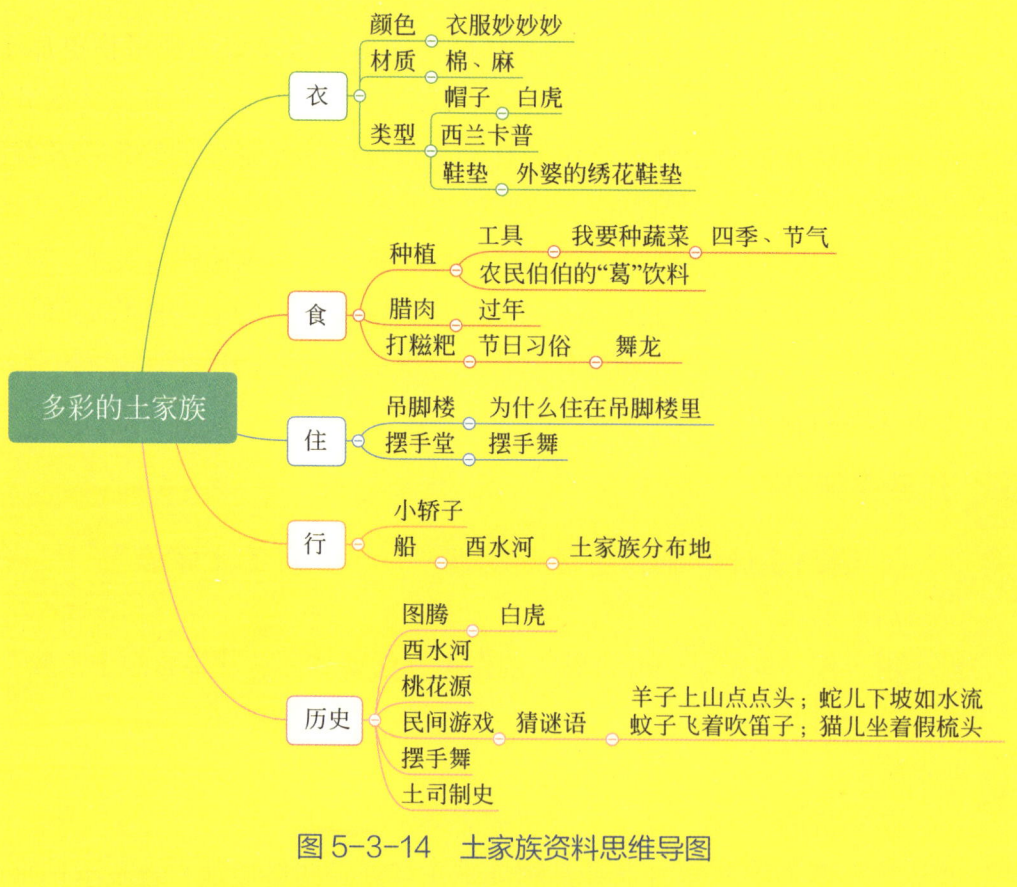

图 5-3-14　土家族资料思维导图

② 确定"多彩的土家族"主题网络图（图 5-3-15）。

③ 确定主题墙主要内容（图 5-3-16）。

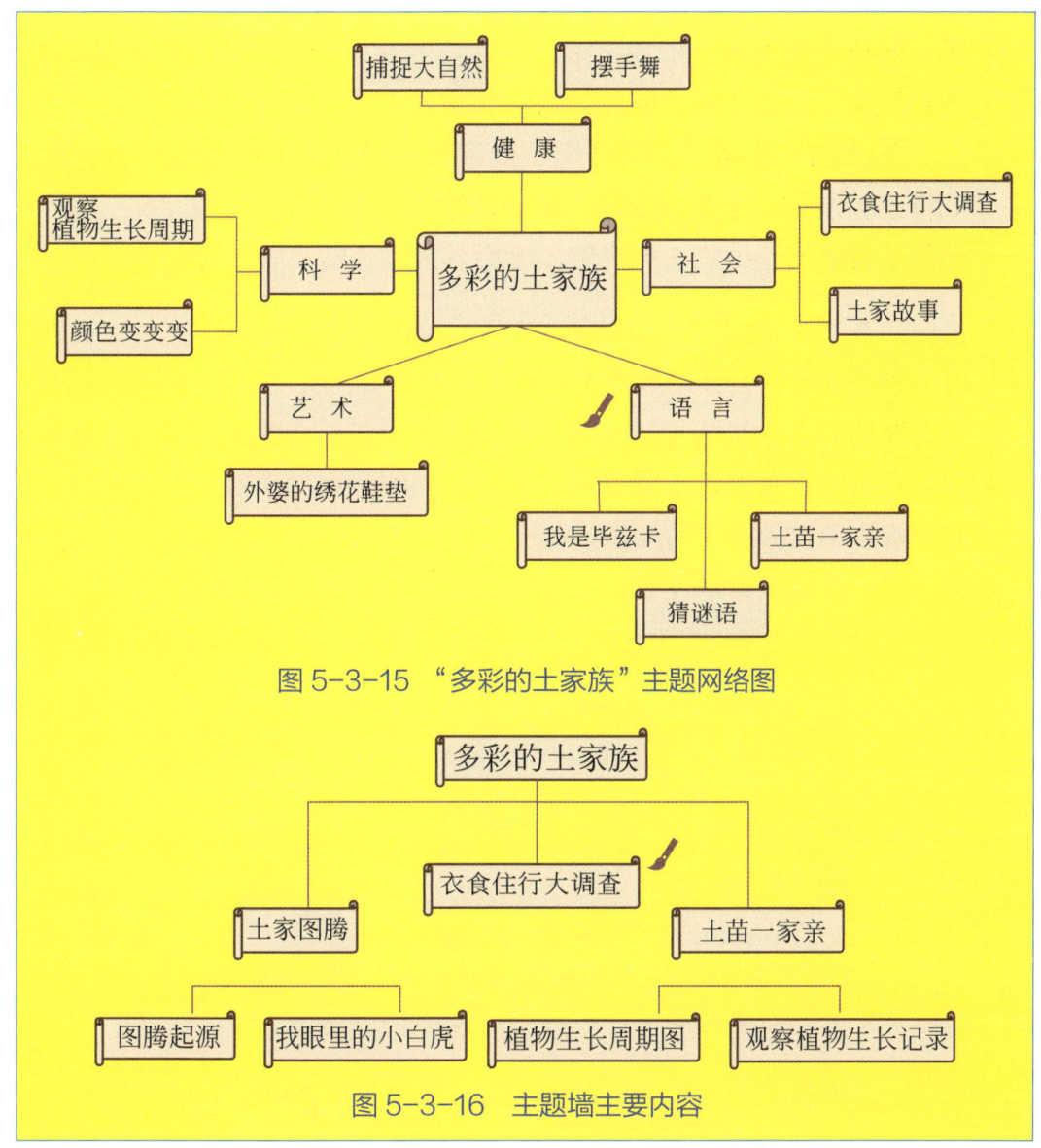

图 5-3-15 "多彩的土家族"主题网络图

图 5-3-16 主题墙主要内容

第③步：再次收集整理主题墙制作的相关资料。

确定主题墙内容，共同收集相关资料类型和数量。

专家支招

可从以下形式收集相关资料

1. 土家图腾。老师为幼儿讲述关于土家图腾白虎的故事；让幼儿画出自己眼中的小白虎。

2. 衣食住行大调查。家长与幼儿共同完成关于土家族资料、土家族语言等的收集，查阅中国地图及土家族分布图等；可实地考察、穿戴民族服装、吃土家族食物、玩民间游戏、讲土家族故事、提供照片或绘画、制作小玩具等，形式不限，主要目的在于让家长陪同孩子共同去发现生活美，主动了解土家族，对民族文化有认同感。

3. 土苗一家亲。文字介绍（土家族与苗族关于水稻的故事）方面：制作立体水稻、土家族农耕工具、水稻生长周期图；延伸活动方面：种植易于存活的小植物，如多肉、土豆、大蒜、萝卜等。

工作环节二：设计"多彩的土家族"主题墙。

内主题墙创设：设计"多彩的土家族"大背景，统一主色调，分块分栏目。

外主题墙创设：张贴主题网络图及家长需参与活动的相关表格，让家长了解主题活动内容，可设计土家族风情长廊，让家长在接送幼儿过程中可以与幼儿一起学习与土家族有关的知识。

第①步：绘制主题墙（草稿）。如图 5-3-17 所示。

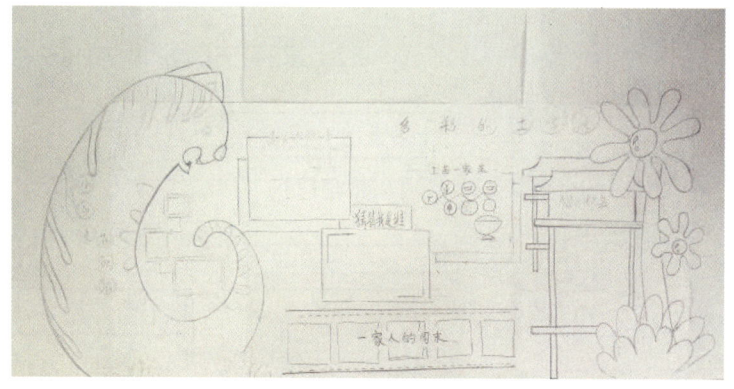

图 5-3-17 "多彩的土家族"主题墙草图

第②步：准备主题墙制作材料和工具。如图 5-3-18 所示。

图 5-3-18 制作材料和工具的准备

工作环节三：制作"多彩的土家族"主题墙（图 5-3-19）。

图 5-3-19 "多彩的土家族"主题墙制作过程

工作环节四：总结制作"多彩的土家族"主题墙经验。

完成作品后，小组内部进行自我评价，介绍自己主要负责的任务，指出任务实施过程中所遇问题和解决办法，相互评价小组成员的作品；每组推举出代表对其主题墙作品进行展示说明，各组间进行相互评价。

任务结束后，总结制作"会说话"的主题墙的经验和心得，掌握系统的方法，形成扎实的技能与工作能力。

 作业点评

任务名称	评价项目
活动主题墙	有目的、有计划、有步骤地完成
	创造性、独立、自我承担地解决问题
	制作技能
	成果展示效果
	制作的经验归纳与总结

 任务拓展

掌握了"会说话"的主题墙创设，快试一试环境创设吧，记得要与区域活动结合起来！

参考文献

[1] 宋婷婷. 手工基础与应用教程[M]. 北京：人民邮电出版社，2017.
[2] 徐锋，宋娜波. 幼师手工.2版.全彩微课版[M]. 北京：人民邮电出版社，2019.
[3] 王光敏. 刻纸剪画[M]. 郑州：中原农民出版社，2015.
[4] 何静. 幼师实用美术[M]. 上海：华东师范大学出版社，2016.
[5] 韩美林. 造化无极[M]. 济南：《知识与生活》编辑部美术函授教材，1986.
[6] 朱立群纸艺馆. 撕贴画[M]. 北京：中国画报出版社，2017.
[7] 棒棒糖童书馆绘编. 创意折纸大全[M]. 北京：中国纺织出版社，2015.
[8] 郝振华，刘洪霞. 手工[M]. 北京：北京理工大学出版社，2010.
[9] 高敬. 幼儿园教育活动设计与指导[M]. 上海：华东师范大学出版社，2014.
[10] 北京市海淀区教育委员会职业教育与成人教育科，北京市海淀区职业技术教育中心主编.[M]. 北京市海淀区学前教育专业以工作为导向的中高职衔接课程教学指导方案. 北京：机械工业出版社，2014.
[11] 艾兰·卡尔森. 童话里的魔法纸帽[M]. 北京：中国纺织出版社，2015.
[12] 赖兵. 美术[M]. 南宁：广西美术出版社，2013.
[13] 姜华，陈松，姜威编. 幼儿教师美术技能[M]. 武汉：武汉大学出版社，2015.
[14] 沈建洲. 幼儿教师美术技能训练[M]. 上海：复旦大学出版社，2013.
[15] 刘丽新. 手工[M]. 北京：清华大学出版社，2015.
[16] 宋婷婷. 手工基础与应用教程[M]. 北京：人民邮电出版社，2017.
[17] 何静. 幼师实用美术[M]. 上海：华东师范大学出版社，2016.
[18] 徐锋，宋娜. 幼师手工[M].2版. 北京：人民邮电出版社，2020.
[19] 朱立群纸艺馆. 撕贴画[M]. 北京：中国画报出版社，2017.